**요즘 시대에
페미도 아니면 뭐해?**

요즘 시대에 페미도 아니면 뭐해?

2019년 11월 29일 초판 1쇄

지 은 이 | 노혜경
책임편집 | 김희중
제   작 | 영신사

펴 낸 이 | 장의덕
펴 낸 곳 | 도서출판 개마고원
등   록 | 1989년 9월 4일 제2-877호
주   소 | 경기도 고양시 일산동구 호수로 662 삼성라끄빌 1018호
전   화 | (031) 907-1012, 1018
팩   스 | (031) 907-1044
이 메 일 | webmaster@kaema.co.kr

ISBN 978-89-5769-462-6 03330

• 책값은 뒤표지에 표기되어 있습니다.
• 파본은 구입하신 서점에서 교환해 드립니다.

요즘 시대에 페미도 아니면 뭐해?

노혜경 지음

개마고원

요즘 시대의 페미들에게

이 책은 제목이 전부다. 말 그대로 나는 요즘이 페미'도' 아니면 행세하기 어려운 시대라고 말하고 싶은 것이다. 행세=사람노릇. 물론 기나긴 역사가 따라오고 설명이 있어야 하겠다. 그 모든 것은 이 책에서 내가 생각하고 말하고 권하는 것들이다. 페미니스트는 민주주의자처럼 현대인의 최소한이라고 나는 생각한다.

『페니스 파시즘』(개마고원, 2001)이라는 책이 있다. 2001년은 한국 사회가 본격 사이버스페이스로 진입하던 초기였다. 네티즌이라는 말이 만들어지고 여기저기서 인터넷을 기반으로 한 다양한 실험이 활발했다. 그랬던 만큼, 각종 성폭력도 난무했다. 당장 기억나는 것만으로도 군가산점 위헌판결 이후 벌어진 사이버테러들, 입에 담기도 싫은 박남철 사건과 부산대 페미니스트 웹진 《월장》 사건, 여성100인위원회의 운동사회 내 성폭력 고

발사건 등 이루 말할 수 없다. 2001년 개마고원 장의덕 사장이 이 일들이 우리 사회의 어떤 병증을 드러내고 있다고 모여서 책을 쓰자고 제안했다. 자유를 향한 혁명적 투쟁은 언제나 파시즘의 역습을 받는다. 여성들의 말할 자유가 터져 나오자 여성들을 향한 성폭력도 가중되었다. 이를 '페니스 파시즘'이라고 부른 것은 탁월한 이름짓기다.

나는 그 책의 첫번째 글을 썼고, 그러면서 내 안의 복잡한 생각의 결을 정리할 수 있었다. 나는 노사모를 했고, 개혁당에 들어갔다. 거기서 여성회의를 만들고, 비례대표 홀수순번제를 주장했으며, 개혁당 강령에 성평등(그때는 양성평등이라 불렀다) 조항을 넣었다. 여성의 정치적 권리 쟁취를 위해 뛴 셈이다.

물론 나의 페미니스트로서의 시작이 2001년인 것은 아니다. 나는 굳이 따지자면 동일방직과 YH의 후예다. 여권에 이은 여성해방이라는 언어가 페미니즘보다 좀 더 몸에 다가와 붙던 세대. 시인이 되고 문단 내 성차별을 목격하면서 여성시운동을 하던 기나긴 전사前史도 있다. 이 모든 사건들의 퍼즐을 페미니즘이라는 하나의 이름 아래 맞추기 시작하던 무렵이 2001년 전후다. 그때 나에게 『페니스 파시즘』을 쓰자고 제안했던 장의덕 사장이 이번에도 나에게 권유를 했다. 메갈리아 이후 새로 페

요즘 시대에 페미도 아니면 뭐해?

미니즘에 눈뜨는 젊은이들에게 먼저 산 사람으로서 해줄 이야기 좀 쓰자고. 그 기획으로 『시사저널』에 연재를 한 다음 책을 내자고 시작한 것이 바로 「시시한 페미니즘」이다.

하지만 이 책은 출판사가 바라던 그 책은 아니다. 막상 페미니즘에 대해 쓰기 시작하면서 나의 세대와 지금 젊은 세대 사이엔 소통의 벽이 있고, 흡사 새로 나라를 만든 것처럼 이 새로운 페미니스트들은 백지에서 출발한다는 것을 깨달았다. 외국인들은 심지어 우에노 치즈코 같은 이들조차도 준거가 되는데, 정작 우리 선배들의 이야기는 살짝 잊혀졌다는 사실도 깨달았다. 2000년대 초반의 열렬하던 시기를 지난 뒤 이상한 단절과 침묵이 지속되었다. 2004년 총선으로 국회에 여성의원이 그 어느 때보다 많이 진출하면서 사회적으로는 여성의 권리가 이미 보장받은 듯한 착각이 생겼다. 여성부가 생겨서 여성가족부로 개편되고 윤락방지법이 성매매방지특별법이 되고… 하지만 거기서 더 나아가지 못했다. 페미니즘은 2015년의 페미니즘 리부트를 기다려야 했다.

그리고 나는 #나는_페미니스트입니다 해시태그 운동이라든가 메갈리아라든가 하는 이 새로운 시대의 페미니즘의 기원이나 양상을 잘 알지 못한다. 인터넷 세상의 초기에 네티즌이라는 말을 만들어낸 세대인 나 같은 사람들이 오프라인에서 변혁을 위해 뛰는 동안, 온라인 세상은 자기 나름의 규칙과 논리로 삶에 틈입하고 있었던 것이다. 세상의 일들에 대해 나 나름의 리부트가 필요하다는 사실을 새삼 깨달았다. 시시한 페미니즘은 그래서, 시시하고 싶었으나 고민 많은 페미니즘 이야기가 되었다. 이 책은 그래서, 연결과 결속을 위한 책이기도 하다. 역사, 나는 이것을 참 중요하게 생각한다.

내가 언제부터 페미니스트였느냐고 물으면 대답하기 참 곤란하다. 나를 이야기하면서 엄마 이야기를 빼놓을 수가 없다. 옛날에 나의 엄마는 여권운동가라고 불렀다. 그러니까 나는 과장을 좀 해서 '세습페미'인 셈이다. 이게 말처럼 멋진 일은 아니었던 것이, 내가 중학생 때까지는 한 반 70명 가까운 급우들 중에 하교하고 집에 갔을 때 엄마가 집에 없는 아이는 나뿐이었다. 엄마는 공무원이어서 심지어 나보다 먼저 출근하고 대체로 저녁 늦게 퇴근을 했으며, 자다가도 비가 몹시 내린다거나 하면 벌떡 일어나 출근을 했다. 한마디로 공무가 가정보다 훨씬 중요하던 분. 엄마의 돌봄이 없는 삶이 보살핌이 가득한 삶과 어떻게 다른지를 나는 구체적으로는 잘 모르지만, 어딘가 결핍되고 허전한 느낌 같은 것이 몸 주위를 감싸고 돌았다. 중3 때 장래희망에 '현모양처'를 써넣어, 엄마를 존경한다는 담임선생님한테 한참을 설교와 설득을 당한 일도 있다. 집안에서 엄마의 가장 심각한 적은 어쩌면 시어머니인 나의 할머니가 아니라 딸인 나였을 수도 있다. 좌우지간 나는 억울했다. 보호받아야 하는데 보호받지 못하고 있다는 생각에 늘 시달렸다. 나는 가부장제의 부역자였을까?

내가 엄마에게 우호적 감정이 들기 시작한 것은 세상이 어떻게 생겨먹었는가에 대해 지식이 조금씩 생기면서였다. 엄마는 자기희생의 아이콘 '한국의 어머니'는 아니었을지 몰라도, 본받아야 할 여성선배였다. 여권신장이니 모자보건이니 하는 낡은 어휘로 된 엄마의 노력 목록을 보면, 어릴 적 그때와는 사뭇 다른 감흥이 인다. 우리 엄마 같은 선배들 덕분에 나는 훨씬 덜 싸우고도 이길 수 있었구나.

엄마 얘기를 하자면 끝도 없을 것이다. 지금의 내가 형성되기까지 나 혼자만이 아닌 너무 많은 선배들의 노고가 쌓였다는 것을 어릴 적에는 몰랐지만, 이제 인생 막바지에 이른 지금은 정말 고맙게 생각한다. 만일 내가 19세기 조선에 태어났더라면 어땠을까. 3·1운동 직후 한반도에서였다면? 58년도에 호남에서 태어났다면? 우리 엄마의 딸이 아니었다면? 조금의 값만 바꾸어도 짐작도 하기 힘든 다른 삶이 펼쳐졌을 것이다. 엄마의 삶을 이해하고 세습하기로 마음먹은 일은 참 착한 생각이다. 내가 후배들에게 가르칠 것은 없지만, 어느 날 "참고문헌 없음"이라는 말을 들었을 때의 무참한 기분을 덜어주고 싶다는 생각을 한 것은 참 좋은 생각이다.

고마운 것은 고마운 대로, 미안하고 무참한 것은 또 그런 대로 내 이후에 오는 여성들이 내가 엄마를 비롯한 선배들의 꽁무니를 쥐고 왔듯이 나도 꽁무니 하나쯤 만들어주고 싶다. 이 책을 쓴 동기나 내용보다는 이 책에 드러난 나의 삶을 대하는 태도가 바로 그 꽁무니이기를 바란다. 오랫동안 여성이라는 화두를 부여잡고 살아온 덕분인지, 시대정신에 민감한 정치적 재능을 조금 지닌 덕분인지, 나는 지금 시대에 중요한 말이 무언지는 좀 알겠다. 페미니즘이야말로 휴머니즘 이후의 사상이고 민주주의의 완성이다. 그러니 민주주의자가 되는 일 못지않게 페미니스트가 되는 일도 중요하다. 페미니스트는 앎의 목록이 아니라 살아가는 태도고 생각하는 방식이다. 페미처럼 생각하기를 연습하게 해주는 책이고 싶다.

연재한 글들이지만 대략 다섯 가지 정도의 주제로 나뉜다. '1부 생각 제대로 하기도 쉽지는 않다'는 페미니즘 개념에 대한 나의 견해를 쓴 글들이다. '2부 세상을 조금 바꾸는 언어'는, 페미니즘의 힘이 언어 그 자체에서 나온다는 것을 설명한 글들 위주다. '3부 다시 정치를 생각한다'는 페미니즘이 일상의 정치 차원을 넘어 현실정치에서도 힘을 발휘해야 한다는 주장을 담은 글들이다. 나는 페미니즘이 그 무엇보다 정치사상이라고 생각한다. '4부 모든 폭력의 시작과 끝을 거부하며'에서 이야기하고자 한 것은 성폭력에 관한 것이다. 성폭력은 매우 특수한 폭력이다. 변경 불가능한 것을 빌미로 저지르는 폭력이야말로 가장 비참하고 비겁하지 않은가? '5부 사랑이 없으면 나는 아무것도 아닙니다'는 이 책의 결론을 담은 제목으로 붙였다. 페미니스트의 존재와 실천이 세상을 낫게 바꾸는 다양한 면모에 대해 함께 생각하면 좋겠다.

이 책을 세상에 내놓으면서, 좌우지간, 남녀불문, 나는 자신 있게 말한다.

요즘 시대에 페미도 아니면 뭐해? 진짜 뭐하겠노? 페미도 안 하면.

2019년 11월

저자 씀

차례

여자라는 병,
처방전은 페미니즘

가장 개인적인 것이 가장 정치적이다

어떤 위대한 생각 가운데는 살면서 저절로 깨닫는 것들도 있지만, 대개는 누군가가 고심해서 명제로 정리한 덕분에 바로 그 지점에서부터 생각을 전개할 수 있는 것들이다. 많은 과학적 생각들도 그렇지만, 철학이나 인문학의 수많은 공리들도 알고 보면 누군가가 처음 말한 것이다. 특정한 개인의 발명이 아니라 인류 문명이 성숙하면서 말할 방법을 찾아낸 것.

페미니즘의 가장 힘센 격언은 내 생각엔 "가장 개인적인 것이 가장 정치적이다"라는 명제다. 이 명제는 개인적인 것을 규정하는 권력이 남성의 것이어서 여성들의 언어나 일상은 언제나 사적인 것으로, 개인적인 것으로 여겨진다는 문제의식에서 출발했다.

옛날에 지금은 사라진 낙산아파트 아래 다가구주택에

살 때였다. 큰방 창문 바로 아래가 골목길이 약간 넓어진 공터였는데, 어느 날 밤에 남성의 폭언과 여성의 비명이 들려왔다. 놀라서 창밖을 내다보니 어떤 남자가 여자를 개 패듯 패고 있었다. 놀란 나는 112에 신고를 했다. 남자는, 경찰이 달려왔는데도 여전히 폭력을 멈추지 않고는 "내 마누라 내가 버릇 가르치는데 경찰이 왜 나서냐"고 했다. 더 놀랍게도 여성은 가정에 속해 있고 따라서 사생활의 영역이므로 가정폭력은 경찰이 개입할 일이 아니라는 이런 생각을 남자인 경찰도 동조하는 것이었다. 서너 번을 신고하고서도 그 사건은 경찰이 개입해서가 아니라 남자가 여자를 질질 끌고 다른 곳으로 가는 방식으로 없어져버렸다.

이런 일은 특별한 게 아니라 지나치게 전형적이어서 문제다. 가정폭력방지법이 제정된 지금도 아동학대나 배우자 학대를 하는 남성 중 상당수가 이와 비슷한 논리를 들이댄다. 폭력이 범죄 같은 사회적 문제로 보이는 것은 남성들끼리의 영역에서만인 거다. 법을 만드는 사람들이 대부분 남성이라는 것이, 여성들의 문제를 더더욱 사적인 영역에 묶어두는 이유가 된다.

개인적인 것이 정치적인 것이라는 명제는, 이런 흔하기 짝이 없는 사례를 거론해보면 아주 쉽게 다가온다. 하지만 이런 극단적 사례 말고 나의 이 갑갑하고 시시한 일상의 어디가 정치적인 걸까?

또 하나 예를 들어보자. 케이블TV에서 어떤 프로그램을 보았는데, 어떤 정치인 부부가 등장했다. 모처럼 주말 외식을 하기로 한 아내는 들떠서 남편에게 여러 차례 옷을 갈아 입혀보고, 자신도 계속 옷을 바꿔 입어본다. 그러느라 외출해야 할 시간을 훌쩍 넘긴다. 처음엔 아내에게 호감을 표하던 남성패널들은 차츰 아내를 험담하기 시작한다. 그때 이지애 아나운서가 일침을 놓는다.

"이날을 부인은 오랫동안 기다렸어요. 며칠 전부터 퍼머도 하고 손톱도 다듬고."

실제로 정치인 아내는 일반적인 가정주부들보다 훨씬 많은 일들을 감당한다. 남편의 의상을 준비하는 것도 그의 몫이다. 남편의 준비가 모두 끝난 다음 비로소 자신의 몸단장이 시작된다. 하지만, 이 장면을 바라보는 패널들 중 거기에 생각이 미치는 사람은 일하는 아내인 이지애 씨밖에 없었다.

아내는 설명한다. 남편의 옷차림이 비난당할 때 책임은 자기에게 있다고. 공적 영역의 삶이 아내의 위치에 이르면 사생활이 되는 장면을 보고 있자니 기분이 답답해졌다. 꼭 공직자의 아내가 아니라 해도, 대부분 가정주부의 직을 지닌 여성들이 겪는 일은 엇비슷할 것이다.

그렇다면 여기엔 어떤 문제가 있다. 아내는 모든 가족

의 준비를 끝낸 다음 비로소 자신을 위한 준비를 시작하는 문제. 남편은 '기다려주는' 인내심이 바닥나면 화를 내도 되는 문제. 이렇게 내 일상의 삶이 알고 보면 순전히 개인적으로 사소하거나 특수한 것이 아니라는 것을 깨닫게 되는 순간은 정말 많다. 그런데도 왜 내가 일상에서 겪는 이런 것들은, 실제로 나를 이토록 괴롭히는 이런 것들은 특별하게 다루어지지 않고 중요하게 여겨지지 않을까?

시시하지 않은 내 삶

내가 스스로 시시하다고 생각했던 많은 것들, 덩달아 내 삶 자체를 시시하게 여기게끔 한 기묘한 문화적/사회구조적 어떤 힘이 있다. 내가 스스로 그렇게 선택한 적 없는 내 인생의 초라함. 나를 이렇게 살라고 지시한 적 없는 채로 그리 살게 만드는 그 힘을 우리는 무어라 불러야 할까?

처음으로 "가장 개인적인 것이 가장 정치적이다"는 표현을 인쇄물로 정리해낸 것은 캐롤 해니쉬라는 미국의 급진적 페미니스트였다고 한다. 하지만 이미 저 말이 흡사 공리처럼 떠돌고 있었다는 이유로 캐롤은 저 말의 원작자가 되기를 거부했다. 달리 말하면 여자들은 이미 많이 아프고, 아픈 사람들은 병의 원인을 안다. 그 병에 이

요즘 시대에 페미도 아니면 뭐해?

름이 없었을 뿐이다. 그러니 이름을 붙여보자. 병의 이름은 "여자". 이름이 생겼으니 처방전을 써보자. 그 처방전을 우리는 "페미니즘"이라 부른다.

여기서 한 걸음만 더 나아가보자. 이 처방전은 반드시 여자들만의 전유물이 아니란 것도 아픈 사람들은 안다. '여자'란 말의 복잡한 내용은 뒤에 살펴보기로 하고 그냥 나아가보자.

지난 20대 대선 때, '성소수자'란 이름으로 불리던 사람들을 향한 어느 대선후보의 "성정체성은 누가 찬성하고 반대할 일이 아닙니다"라는 말이 성소수자들뿐 아니라 수많은 사회적 약자들을 울린 이유가 바로 그것이다. 사회를 지배하는 언어가 "너는 틀렸다"라고 규정하는데, "그렇지 않아요"라고 말할 수 있게 하는 처방전. 이렇게 큰 규모로 약자를 위한 이야기가 만들어진 적도, 이야기된 적도 처음이다. 이 처방전은 그래서 지금껏 소외되었던 많은 사람들을 위한 것이다.

이렇게 정리하고 보니 페미니즘은 이전에는, 최소한 100년 전에는 존재한 적 없었던 종류의 사상이다. 현존 문명의 토대가 되는 근대계몽주의가 만들어놓은 범주 구분이나 기타 분류체계에 잘 들어맞지 않는다. 들어본 적 없던 사상이어서 이야기하려면 말이 길어진다. 게다가 주로 여자들이 말한다. 어지간히 독하게 말하지 않으면 들리지도 않는다. 요즘 페미니즘에 대한 책이 많이 쏟아지고 관심이 커지는 중이라 흡사 모든 이들이 다 아는 이야기처럼 생각하기 쉽지만, 아, 천만에, 아직 페미니즘 이야기는 시작하느라 고생하는 중이다.

그렇더라도, 해보자. 페미니즘이 작동하여 세상이 변화하는 국면은 생각보다 시시하다. 2000년 6월 15일에 김대중 대통령이 순안공항에 내려서던 순간은 눈물이 앞을 가려 눈을 못 뜰 지경이었지만, 2007년 10월 4일에 노무현 대통령 내외가 군사분계선 노란 금을 넘어가던 순간은 똑같이 역사적이었음에도 꼭 옆집 대문 들어서듯 가볍게 갔다. 이미 우리는 가볍게 세상이 변하는 시간대를 살고 있다. 가볍게, 시시하게, '이 별것 아닌 것을 아직도 몰라요? 시대에 뒤떨어지지 마세요'라고 말하기라도 하듯.

배운 여자들이 못 배운
남자들을 가르치려 든다고요?

교수님 잘못 아셨어요

페미니즘이 무엇인가라는 이야기를 종종 하는 것이 좋겠다. 얼마 전 친구로부터 연세 지긋하신 남성 교수가 했다는 말을 듣고서 한 생각이다. 자신은 '부모성 쓰기 하는 여성들이 정말 싫다'라는 말로 시작하여 돈 많고 학벌 좋은 여성들이 가난하고 못 배운 남성들을 가르치려 드는 일이 페미니즘이라는 말로 끝을 맺었다고 한다. 비슷한 이야기들을 비교적 젊은 남성들에게서는 들은 적이 있으나, 연세 있는 남성들도 저런 이야기를 하는 줄은 처음 알았다.

　이런 발언에 대해 뭐라고 대응해야 할까? 페미니즘은 가르치려 드는 것? 내가 친구 대신 저런 이야기를 들었다면 아마 그렇게 말했을 것이다. "교수님, 잘못 아셨어요. 페미니즘은 돈 많고 학벌 좋은 여성들이 가난하고 못 배운 남성들을 가르치려 드는 일이 아니라 바로 교수님 같이 잘 배우고 부유한 남성들이 가난하고 못 배운 남성들보다도 훨씬 뭘 모른다는 것을 가르치는 일이에요."

모든 몰랐던 일을 우리는 어떻게 알게 되는가? 배우지 않고 저절로 알게 되는가? 누군가가 가르치지 않았는데 저절로 배우기도 하는가? 가르치고 배우는 일은 인간사회를 유지하고 발전시키는 동력이라는 데 모두가 동의할 것이다. 가정에서, 학교에서, 마을에서 우리는 미래 세대를 가르친다. 우리 세대가 기꺼이 과거가 되기 위한 준비와 투자를 열심히 한다. 그러므로 가르친다는 말 자체를 거북하게 생각할 필요는 없을 것이다.

그런데, 그게 아니다. SNS에서 제일 심한 욕 중 하나가 가르치려 든다는 말인 듯하다. 고상하게 계몽주의라는 말도 쓴다. 최대한의 비난을 담아서다. 왜 이렇게 우리는 스스로 모르는 것이 없거나 또는 배울 것이 없는 완벽한 개체들이 되었을까. 아니면 아무것도 몰라도 아무 상관없는 무용지물들이 되었거나.

현대 사회를 지탱하는 가장 중요한 어휘가 뭘까를 생각해본다. 자유? 인권? 민주주의? 평등? 정의? 개인의 존엄성? 또?

이 모든 말들은 흡사 천부인권처럼 하늘에서 뚝딱 떨어져서 유전자에 아로새겨졌다가 말을 배울 무렵 저절로 입 밖으로 나온 말들일까. 당연히 저 말들은 천부인권이라는 개념 자체를 포함하여, 계몽주의가 우리에게 가르친 말이다.

계몽주의 또는 계몽사상을 한마디로 정리할 순 없겠지만, 사람들이 자주 참고하는 위키피디아를 따라 "인간의 지성 혹은 이성의 힘으로 자연과 인간 관계, 사회와 정치문제를 객관적으로 관찰해서 명료하고 자명한 보편적 진리를 발견하고 낙관적으로 발전시키려는 시대정신"이라고 해보자. 21세기를 살아가는 모든 인류는 바로 이러한 계몽주의의 혜택을 입은 사람들이다. 계몽의 기획 또는 근대의 기획은 근대적 공동체 또는 시민사회를 낳았고 근대민족국가를 형성했으며 그밖에도 개인의 능력에 기반하여 시장경제를 자본주의로 변화시켰다.

이렇게 정리해가다보면 재미있는 말들이 드러난다. 계몽주의의 가장 위대한 점은 인간을 신 앞의 단독자로 서게 한 점이라고 누가 그랬는데, 누가 말한 건지는 잊어버렸다. 하여간, 우리는 중세를 신본주의 시대라 부르고 근대를 인본주의 시대라 부른다. 문제는, 인본주의에 기반한 계몽의 시기가 너무 빨리 타락해버렸다는 것이다. 그리고 그 인본주의에 이어 자본주의 시대가 왔다. 계몽의 시대가 빚어놓은 인간존재의 눈부심이, 돈의 위력에 가려버렸다. 왜 이렇게 되었을까.

여성인 나는, 가장 중요한 이유로 신 앞에 선 단독자가 남성 홀로였다는 점을 꼽는다. 근대의 계몽주의적 이성은 보편을 결정하는 주체로 유럽백인남성지식인이라는 모형을 제시했다. 저절로 위계적이고 차별적인 줄서기가 생겨난다. 세상은 이분법적으로 재구성 또는 구조화되고, 그 구조의 윗단에는 백-남성-선함-빛-제국주의적 식민종주국의 계열체가, 아랫단에는 흑-여성-악함-어둠-피지배 식민지의 계열체가 들어선다. 이름하여 흑백이분법, 보다 광범위하게는 남녀이분법이다. 엄청나게 오래된 것처럼 보이는 가부장제의 도식은 알고 보면 계몽 이후의 산물이다.

반쪽이 눌려 납작해진 인간은 돈의 위력에 맞설 수가 없고, 근대 이후 세계에서 인간은, 인간이 아닌 신의 지배를 탈출하여 인간이 아닌 돈의 지배로 뛰어든 꼴이 되었다. 이것은 미신 못지않은 맹신이고, 다시 깨어나는 과정을 밟아야 한다. 그 깨어남을 위한 새로운 도구가 바로 페미니즘이라고 나는 지금 말하려는 것이다. 페미니즘은 그러므로 여성도 인간이라는 범주로 회복되어야 한다는 말에 지나지 않는다.

페미니즘은 2차 계몽주의

나는 그래서 페미니즘을 제2차 계몽주의라 부르고자

한다. 신의 부속물이었던 인간을 이성의 힘으로 해방한 것이 1차 계몽주의였다면, 제2의 성에 불과한 여성이 남성과 나란히 인류의 절반이 되고, 나아가 한 사람 한 사람 개인이 제대로 단독자가 되는 일이 2차 계몽주의의 목표다. 어쩌면 이렇게 말하는 것도 사치스럽다. 아직 인간의 범주에 들지 못한 여성이 인간 대접 좀 받자는 게 페미니즘이라고 해도 무방하다. 겨우 이런 주장을 하려고 참 많은 여성들이 죽고 다치고 했는데 그 교수님은 고작 한다는 소리가 "가르치려 든다"라니. 가르치는 일을 남자만 해야 하나.

오히려, 페미니즘을 사방에서 가르쳐야 한다. '돈 많고 학벌 좋은' 여성들뿐 아니라, '가난하고 못 배운' 여성들 역시 '돈 많고 학벌 좋은' 남성들의 성적 대상이거나 시중꾼이 아니라 말하고 행동하는 인간임을 가르치는 사상이 바로 페미니즘이라고 계몽해야 한다. '가난하고 못 배운' 남성들이 자존감을 회복하는 데 가장 도움을 주는 사상이 바로 페미니즘이라고 가르쳐야 한다.

1차 계몽주의는 신적 질서 안에 통합되어 있던 세상을 인간의 질서로 구획을 했다. 가부장적 질서로 무장한 산업사회가 대량생산 대량소비에 이은 전쟁의 모습으로 몰려왔다. 여성, 아동, 장애인, 노약자… 이런 이름들로 집합명사화된 약자들이 가부장적 질서를 지탱하기 위한 희생물이 된다.

　제2차 계몽주의는 그러한 구획에 내재된 차별과 폭력을 제거해 나가기 위한 기획이다. 서로 다른 것들이 저마다의 다른 점을 뽐내며 서로 충돌하지 않고 줄을 서거나 세우지도 않고 각자의 자리에서 반짝거리기. 말만으로도 아름답지 않은가. 실제로 어떻게 해야 너도나도 반짝거릴 수 있는가는 쉽게 말할 수 없지만, 그러한 시도가 옳다라고 말함으로써 그 첫걸음을 떼려는 것이 페미니즘이고, 그것도 시시한, 시시콜콜한 페미니즘이고, 페미니즘으로 하는 정치고, 인간관계의 힘의 논리를 바꾸자는 것이 정치를 페미니즘화하는 것이고… 라는 것이 페미니즘을 통해 세상을 조금 바꾸고 싶은 나의 기획이다. 너무 계몽적인가?

백만 가지 페미니즘

페미니즘은 이름을 발명하는 일

백만 명의 여자가 있으면 백만 가지의 페미니즘이 있다고 가끔 농담을 하곤 한다. 니 페미니즘이 더 옳고 내 페미니즘이 더 유용하고 하면서 페미니스트들끼리 논쟁을 하기도 한다. 페미니스트가 무서워서 페미니즘 공부를 좀 하려 해도 페미니즘이 어려워서 못 하겠다고도 한다.

사실 좀 그렇다. 놀라운 속도로 번역되는 페미니즘 책들을 사기도 읽기도 버겁고, 읽어도 무슨 소리인지도 모르겠고, 이 사람과 저 사람이 서로 싸우는 거야? 도무지 누구와 누구가 비슷한 견해이고 이 의견들은 왜 다르지? 이 이야기는 좀 너무하지 않아?

페미니즘을 일종의 지식이라 생각한다면 참 맞는 이야기다. 그렇지만, 실제 상황으로 들어가보자. 벌써 몇 년이나 지났지만, 강남역 살인사건을 '여성혐오범죄'라고 페미니즘의 눈으로 명명했을 때 이 새로운 이름이 얼마나 많은 여성들에게 자신이 일상적으로 느끼는 공포를 표현한 말을 제공해주었는가. 그래, 그렇게 부르니까 형체 없던 괴물에 형체가 생겼어.

배탈이 자주 나서 병원 신세를 지곤 했던 시절의 일이다. 내 배가 어떤 식으로 아픈지를 설명하기가 무척 힘들었다. 여러 가지 복통에 대한 책도 찾아보았지만 비슷한 증상을 발견할 수가 없었다. 쥐어짜는 듯이 아프고, 가끔 가다가 우리하게 뒤틀리고….

그러면 의사가 묻는다. "우리하게 뒤틀리는 게 어떤 거지요?"

"그거는요…." 또 설명한다. 복부에 풍선을 넣고 공기를 채우는 것처럼 배가 빵빵해지고….

"가스가 차는 현상이군요."

설명을 제대로 했나보다!!

이런 식으로 한참을 설명해가다보면 비슷한 병명이 나온다. 과민성대장증후군. 사실 이 이름은 아무것도 아니다. 그렇지만, 다양한 복통의 증상을 하나로 묶어 이름을 붙이고 그에 따른 대증요법적 약을 처방할 수 있다면, 과민성인 나의 대장은 가라앉을 것이다.

그런데 이런 이름이 없다면? 나는 아마 그때그때 주증상에 해당하는 단일처방을 받고 그 다음엔 같은 아픔인데 또 다른 약을 먹고 했을 것이다.

조현병 환자의 범죄, 아내 구타, 헤어지자니까 화가 나서 어쩌고 등의 모든 증상을 관통하는 병명에 이름이 붙었다. 여성혐오범죄라고. 그러자 갑자기 설명되지 않던 다른 증상까지 설명이 된다.

바로 이런 것이 페미니즘이다. 페미니스트가 되고자 일부러 어려운 공부를 하지 않은 여성들도 이 새로 생긴 언어의 혜택을 입을 수밖에 없다. 왜냐하면, 이 새로운 언어를 통해서 보면 안 보이던 게 보이게 되니까. 성차별이란 말을 알게 되니까 후남이란 이름이 얼마나 분노스러운지도 알게 되었고, 아니 분노해도 되는 이름이라는 것을 알게 되었고, 성희롱·성추행이란 말을 알게 되니까 부장님의 느끼한 입과 더듬는 손을 지적할 수 있게 되었다. 수많은 약자들이 페미니즘 방식의 언어를 통해 자신의 고통에 이름을 붙일 수 있다. 이름 지어진 것들은 존재할 권리를 얻고, 사라지게 하거나 지워버리기 어렵게 된다.

새로운 말이 생겨나서 세상을 새롭게 설명하기 시작하면 세상은 변화할 수밖에 없다. 페미니즘은 지식의 다발이 아니라 삶을 바꾸는 태도다. 여성이 기존 질서에 고분고분하지 않고 다르게 살고자 하면 저절로 페미니스트가 되는 것이니, 페미니즘의 ㅍ자도 몰랐던 우리 할머니가 왜 그렇게 급진적이셨는지를 이제는 이해한다.

페미니즘은 눈을 바꾸는 일

나는 늘 페미니즘을 정치사상이라고 말하고, 페미니즘은 차별에 맞서는 도구라고도 말해왔다. 페미니즘은 그래서 이름만 발명하는 게 아니라 '눈(眼과 目)'을 바꾼다. 눈이라는 인체의 기관을 뜻으로 삼는 한자의 두 어휘 '안眼'과 '목目'은 각각 보는 일을 하는 기관과 눈여겨보는 행위를 가리킨다. 그래서 안목이라는 말은 눈썰미, 판단력, 좋은 취향 등을 가리키게 된다. 바로 이 '눈', 즉 문제를 발견하고 치유해 나가는 행위를 가능하게 하는 첫째 단계는, 페미니즘의 눈으로 세상을 보는 일이다. 이 말은 페미니즘은 세상을 다르게 볼 수 있도록 한다는 이야기다. 관습과 타성으로 세상을 바라볼 때는 그저 답답하기만 할 뿐 보이지 않던 온갖 폐단이 곳곳에 쌓여 있음을 보게 된다. 이른바 적폐積弊다. 페미니즘의 눈으로 바라볼 때 가장 먼저, 가장 마지막까지 보게 되는 적폐가 바로 차별이다.

아니, 이렇게 말하는 것에는 한계가 있다. 차별이 아니라 차별하는 사람과 차별받는 사람이, 적폐가 아니라 사람이 저지른 잘못이 있다. 페미니즘을 실천한다는 말의 의미는, '거기 사람이 있음을 보'는 일과 '사람이 있음을 보라고 말하는 일'이 아닐까. 심지어 차별하고 차별당하는 그 '사람'이 바로 나 자신일 수도 있음을 깊이 성찰하는 일이 아닐까.

더불어 살아가는 세상 안에 차별이 있고 그 차별로 말미암아 불행한 사람들이 있다. 가난해서, 가방끈이 짧아서, 장애가 있어서, 피부색이 달라서, 특정 지역에 태어나서, 심지어 집이 없어서 사람들은 누군가를 차별하거나 차별당하는 일에 너무 익숙해져 있다. 이 중 성차별을 모든 차별 중에 가장 본질적이라고 하는 이유는, 가장 많은 인류를 가장 손쉬운 이유로 차별할 수 있기 때문이다.

페미니스트가 된다는 것은 그래서 차별의 본질을 이해한다는 의미다. 자기자신의 가치를 스스로에 대한 존중과 사랑이 아니라 타인과의 비교에서 찾고, 서로 다른 다양한 표지를 우열의 표지로 바꾸고, "내가 너보다 낫다" 그러므로 "나는 너를 지배할 수 있다" "나는 너를 내 마음대로 할 수 있다"라는 데까지 나아가는 차별은, 심지어 혐오와 증오범죄로까지 이어진다. 이런 구조를 발견하고 차단하기 위한 개인적·사회적·정치적 노력이 바로 페미니즘의 본질이다. 그러므로 페미니즘은 '생물학적 여성' 또는 '젠더적 여성'만을 위한 사상일 수가 없다. 페미니즘은 내가 차별받아왔음을 알고 이를 거부하는 연습이다. 나 또한 차별하는 구조의 일원으로 어떤 차별에는 동참하고 있었음을 인식하고 탈출하는 연습이다. 모든 사람이 법 앞에서뿐 아니라 사회의 구성원으로서 평등하고 대등하며, 제각기 다르게 존엄하다는 것을 실제로 인식하는 연습이다.

최근 들어 페미니스트들을 향한 저주와 증오의 언어가 더 많이 등장하는 것 같다. 그러나 페미니즘이 분노를 유발하는 것이 아니다. 페미니즘을 알게 되면서 스스로의 자존감을 세워가는 사람들이 있는 반면에, 변화의 동력에 불과한 페미니즘을 변화의 목적으로 여겨 탈출구를 찾아내지 못한 사람들이 있는가 하면, 변화의 와중에 생겨나는 작은 불편과 손해본다는 착각을 못 이겨내고 그 화살을 페미니스트들을 향해 쏘는 사람들이 있을 따름이다.

부디 보는 눈을 바꾸자. 차별 없는 세상, 서로 사랑하고 위하는 공동체를 향한 첫걸음은 너와 내가 존귀한 사람임을 바로 보는 일 아닐까.

페미니즘 오남용

페미니즘이 이렇게나 훌륭한 것이라면, 그 이름을 오남용하는 일도 있다고 보는 게 공정할 것이다. 세상이 복잡해질수록 다양한 소동이 일어나고 별의별 사람들이 등장하게 마련이다. 소식의 유통 속도가 빠르기 때문에 몰라도 되는 일들이 호사가의 입을 타고 사람들의 눈과 귀를 어지럽힌다. 소음이 커져서 외면하기 어려운 일들이 발생한다.

그런 일들 가운데, 아무리 봐도 '그것은 페미니즘은 아니에요'라고 말할 일들도 있다. 페미니즘에 대한 단일한 개념규정을 하는 것은 불가능하다고 생각한다. 하지만 무엇이 페미니즘이 아닌가라는 범위는 정할 수 있다고 본다.

이것을 정치문제로 바꾸어 생각해보자. 예컨대 민주주의란 무엇인가. 다양한 정의가 있겠지만, 결국 마지막에 남는 것은 자유·평등·사랑이다. 자유란 특정 개인의 자유가 타인의 자유를 침범하지 않는다는 약속, 평등이란 사람은 누구나 다 존엄하고 천부인권을 지녔다는 약속, 사랑이란 사람은 서로에게 잔인하거나 폭력을 행사하지 않으며 약자를 위해 연대한다는 약속. 달리 말하면, 한 사람의 존엄을 지키는 것이 모든 사람의 존엄을 지키는 것이라는 약속이다. 비록 그것이 이상론이고 현실세계는 전혀 다르다 해도, 민주주의가 인간이 발명한 가장 현명한 제도로서 지지받는 이유다. 우리가 역사적으로 '한국적' 민주주의니 하는 말에 동의하지 않은 것은 저 본질적 약속을 위배하는 수사를 덧붙였기 때문이다.

마찬가지로, 페미니즘은 여성 또한 민주주의의 보호를

받는다는 본질적 약속이다. 페미니스트는 때로 전투적이지만, 그 전투는 단순히 특정 남성을 타도하거나 특정 여성들의 승리를 위한 것이 아니라 사회 전체의 성숙과 평화에 이바지하는 전투여야만 한다. 가부장제를 왜 타파해야 하는가? 가부장제가 정말로 여성들과 아이들을 포함한 모든 인간의 평등과 자유를 보장하는 그런 제도라면 타파할 이유가 없지 않겠나. 가부장제가, 가정에서 아버지(사회에서는 지배자)가 결정권을 지니고 타자들을 억압하고 군림하며 불행하게 만들면서도 아버지(지배자)는 편안하므로 세상이 편안하다고 믿는 그러한 양상이 아니라, 그야말로 모든 이에게 모든 것이 되는 착한 하느님 같은 제도라면 가부장제를 타파하자는 페미니즘이 과연 힘을 얻을 수 있을까?

"나는 페미니스트다"라고 선언하는 일은 중요하다. 사회적 타자인 여성들이 그러한 선언으로 연대할 수 있어야 한다. 그러나 이 연대는, 다른 개인, 다른 단독자인 인간을 그의 행위가 아니라 존재 자체를 이유로 배제하거나 능멸하고자 하는 순간 깨어질 수밖에 없다. 페미니스트는 자격증이 아니라 삶의 태도이기 때문이다. 누군가가 페미니스트라고 선언하는 일은 페미니즘에 대한 올바른 생각을 배우고 실천하겠노라는 의지의 선포여야 한다.

그러므로 다른 약자, 다른 소수자를 배제하고 생물학적 여성들만의 권익을 추구하려는 움직임을 페미니즘이라고 불러야 할까에 대해서는, 언제나 그러면 안 된다고 말해야 하리라. 예컨대 트랜스젠더 등 성소수자에 대한 배제라든가, 단지 여성이라는 이유만으로 차별적 언행을 한 여성정치인을 감싸고도는 일을 페미니즘의 이름으로 용인할 수는 없다.

그렇다고 특정한 여성들이 보여주는 그릇된 사례를 가지고 그것이 페미니즘 자체 또는 페미니즘의 대표적 사례라고 주장하며 공격하는 소위 '안티페미'들의 주장은 거론할 가치가 없다. 잘못 쏜 화살은 소음을 잔뜩 일으키며 날아가더라도 결국은 찾을 수 없는 법이니까.

다시 근본적 질문,
뭐가 중헌디?

메갈리아 사태가 터지자 나는 페이스북에 "나도 메갈이다"라고 선언한 적이 있다. 응원과 다짐을 겸해서다. 이때 댓글과 메신저로 쏟아진 말들 중에 "페미니즘이 아니라 휴머니즘이라야 한다" "이퀄리즘이 옳다" 등의 말이 생각보다 많았다. 신본주의 시대의 대항담론으로서의 인본주의, 즉 휴머니즘. 후대에 학교에서 배운 이 말이 오로지 남성만 휴먼(인간)으로 인정하는 사상이라는 것을 21세기를 사는 우리는 얼핏 알기 어렵다. 하지만 신이 인류의 역사에 등장한 이래 대단히 오랫동안 여성은 휴먼의 범주가 아니었다. 서양에서 그랬다는 얘기지만 동양이라고 크게 다를 바는 없었던 것 같다. 페미니즘의 등장과 성장 배경에 이러한 문화적 사회적 인습이 있음은 말안 해도 알 줄 알았는데.

그 휴머니즘이 요즘 다시 문제다. 휴먼은 인간을 말하

요즘 시대에 페미도 아니면 뭐해?

는 건데 따로 페미니즘이 필요하다면, 페미니즘은 남성을 적대시하는 사상 아니냐고 일부 남성과 심지어 여성도 주장하고 나왔기 때문이다.

좀 고상하게 봐줘도, 페미니스트에 적대적인 남성이 "페미니즘은 휴머니즘이 아니"라고 할 때 그 뜻은 "여자가 사람이 아닌 줄 모르고도 잘 살 수 있다"라는 뜻이고, 자칭 휴머니스트인 남성이 "페미니즘은 휴머니즘"이라고 말할 땐 "남성인 내가 페미니즘이 뭔지를 규정해준다"는 이야기가 아닐까.

페미니스트 여성이 "페미니즘은 휴머니즘"이라고 말할 땐 "여성도 인간으로서의 천부인권을 대등하게 누리겠다"라는 뜻이지만, 명예남성인 여성이 "그것은 페미니즘이 아니다"라고 말할 때 그 진정한 뜻은 "다른 여자는 빼고 나 혼자만 남성중심사회에서 사람대접 받고 싶다"가 아닐까.

놀랍게도 방송매체나 심지어 일부 언론매체에 발표되는 글들에서도 심심찮게 보이는 기초가 덜 된 담론들. 말은 그럴싸해 보이지만 저 말들이 실제로 뜻하는 바는 어쩌면 불법동영상물 보면서 히히덕거리며 자위하고 회사에서 여성인 하급자에게 성희롱·성추행을 자유롭게 하고 경쟁에서 앞서가는 여성이 없게 차별하고 하던 일들이 잘못이었다는 지적을 받고 싶지 않다는 말에 지나지 않는 게 아닐까 의심이 든다. 겨우 이 정도 '아무말' 수준의 논쟁을 사회담론 차원에서 해야 한다는 사실이 절망스럽지만, 우리나라가 이 수위의 인식을 돌파하지 못하면 최소율의 법칙에 지배당할 것임이 점점 분명해지고 있다.

최소율의 법칙은 영양학에서 나온 말로 필수영양소 중 어느 하나가 결핍되면 다른 영양소들을 아무리 많이 섭취해도 가장 부족한 영양소의 비율만큼 흡수된다는 법칙이다. 자연과학의 법칙이지만, 사회발전의 원리에 관한 비유로 끌어다 쓰면 유용한 설명틀을 제공한다.

그렇다면 우리 사회의 필수영양소는 무엇일까. 공교육에서 오랫동안 결핍시킨 끝에 영양실조 상태가 되어버린 시민의식일까, 역시 제대로 되지 않고 있는 언어교육의 결과 아무말대잔치 수준으로 소통능력이 망가져가는 언어생활일까. 돈 가지고 태어난 사람이 돈 없이 태어난 사람을 마구 지배해도 할 수 없다고, 아니 그것이 '순리'라고 여기고 인륜이 아닌 금륜(돈질 또는 돈지랄이라고 쓰고 싶지만 고상하게)에 복종하느라 잊어버린 사람 사는 세상일까.

갈등과 모순이 임계점에 도달하면 폭발하듯 지금 페미니즘의 말이 끓어오른다. 새로운 말이 주도권을 얻어야만 새로운 세상이 열리는 법. 수많은 사람들이 아직 이름

도 없는 시대다. 여성·이주민·난민·탈북자·성소수자·
빈곤노인·기타 등등등등등. 이들에게 구체적 이름을 단
한 번도 준 적 없으면서 휴머니즘이라니 무슨 그런 말씀
을요.

그래서
페미니즘이 뭔가요

지난 몇 년간 언론에서 가장 많이 사용한 어휘로 페미니즘이 빠지기 어려울 것이다. 특히 2018년은 성폭력과 관련된 페미니즘 이슈가 전세계를 뒤덮었다 해도 과언이 아니다. 소위 백래시Back Lash도 만만치 않지만, 2018년 노벨평화상을 성폭력에 맞서온 사람들에게 수여하기로 한 결정은 문명사회에서 여성을 향한 폭력이 더 이상은 용납될 수 없음을 상징한다.

이제 페미니즘의 의미와 그 방향에 대한 새삼스러운 점검이 필요한 때가 되었다.

문재인 대통령이 페미니즘 정책을 펼치기 때문에 20대 남성 지지율이 떨어졌다는 일부 언론의 진단은 번지수를 단단히 잘못 찾은 것이다. 일종의 프로파간다일 뿐 진실과는 거리가 멀다. 문제는 젊은 남성, 특히 20대가 자신들이 마땅히 누려야 할 사회적인 몫을 정당하게 누리지 못한다고 느끼기 때문이다. 페미니즘 정책이 원인이라는 주류 언론의 손가락질은 완고한 기득권층의 탐욕과 그로 인한 경제적 불평등과 정치적 불공정을 가리려는 지록위마指鹿爲馬다. 정부의 정책은 제로섬 게임이 아니다. 20대 남성에게서 빼앗아 20대 여성에게 무언가를 주는 정책이 당연히 아니다. 특히 경제적 측면에서, 아직 여성들은 성별분업적 차별 반대라든가 동일노동 동일임금 등등의 이야기를 꺼내지도 않았다.

페미니즘의 시작은 차별에 대한 저항이었다. 가족과 노동과 섹슈얼리티가 페미니즘의 3대 주제라 할 수 있다. 가족 내 차별, 노동에서의 차별, 성차별. 이 세 축을 관통하는 것이 성별에 따른 차별이다. 한국은 인종차별이 아직 겉으로 심하게 드러나진 않지만, 지역차별과 학력차별이 심하다. 신체의 장애에 대한 차별도 심하다. 소위 '정상'을 벗어나는 모든 존재는 일단 차별하고 보는 문화가 뿌리깊게 박혀 있다. 그런 가운데 여성을 향한 차별이 지닌 보이지 않는 효과는, 노동과 분배에서 남성의 몫이 늘어나는 데 기여한다는 사실이다. 한정된 일자리를 두고 남성들끼리 경쟁하는 것도 버거운데 여성들이 진출한다면?

당연히 지배계층, 기득권들은 자신의 몫을 줄여 분배해야 한다. 그러지 않고 노동자들의 임금을 낮게 유지하고 비정규직을 늘려가며 대응하는 것은 정의롭지 않다. 페미니즘은 이런 것을 지적하기 시작하고 있다. 차별은 왜 안 고쳐지는가. 모든 차별은 차별로부터 이익을 얻는 사람들이 그 문화를 지배하기 때문에 생겨났고, 그래서 잘 시정되지도 않는다. 페미니즘의 부상은 한국 정치를 오랫동안 지배해온 지역차별 문제가 희미해지면서 가능해진 새로운 평등운동이기도 하다.

지금 한국 사회는, 각종 차별의 각개격파가 진행중이다. 한편으론 차별의 윗단으로 가기 위한 욕망의 경연이 벌어진다. 드라마 〈SKY캐슬〉이 펼쳐 보이는 지옥도는, 드라마이기 때문에 겨우 바라볼 수 있는 잔혹한 현실이다. 차별하는 윗자리로 가기 위한 온갖 술수 속에서 아이들은 자신이 부모세대 욕망의 희생물로 차별당하는 줄도 모르고 그 고됨을 또래를 공격하면서 풀고, 아무도 행복하지 않다. 이런 상황을 어떻게든 바로잡고 맞서 싸우고자 하는 무기가 바로 페미니즘이다.

페미니즘을 다른 말로 인간이 되기 위한 싸움이라고 부르기도 하는 것은 단순히 휴먼에 남성과 여성을 포함한 모든 젠더가 들어가 있다는 뜻만은 아니다. 페미니즘이 새로운 사회정의를 추구하기 때문이다. 페미니즘이 곧 민주주의라는 새로운 화두를 인식할 때다.

화성남자 금성여자는
지구에선 못 산다

부부간의 대화법을 강의할 일이 있어 자료를 이것저것 챙겨보다가 생각보다 많은 교재들이 남성과 여성의 성역할에 대한 고정관념을 강조하고 있음을 알았다. 예를 들어 이런 문장이 있었다. "남자는 해결을 원하고 여자는 공감을 기대한다." "남자는 목표지향적이고 여자는 관계지향적이다." "남자는 동굴로 들어가고 여자는 이야기를 한다."

정말일까? 부부에게는 소위 성격차이를 넘어서는 다양한 갈등 요인이 있다. 드라마 〈사랑과 전쟁〉 시리즈나 고충상담 프로그램 〈안녕하세요〉를 보아도, 그야말로 "세상에 이런 일이"를 외치게 하는 일들이 많고, 남자란 또는 여자란 이러저러한 존재라는 틀로 바라보면 해결되지 않는 문제가 많다. 경제나 교육 같은 공적 요소들도 부부갈등의 주요한 원인이다. 그러니 "원래 이런 존재"라는 전제를 이야기한다는 것은, 두 사람 간의 특수한 갈등을 해결하고자 대화법을 배우러 온 부부에게 대화가 아닌 통념으로 서로를 바라보라고 부추기는 꼴이다. 남자는 이렇고 여자는 저래서 소통장애가 일어나는 것이 아니라, 바로 그러한 고정관념을 넘어서 서로를 바라볼 줄 모르는 것이 문제 아닐까.

저 앞에 인용된 문장은 출간된 지 어언 30년을 바라보는 『화성에서 온 남자 금성에서 온 여자』라는 책에 나오는 문장들이다. 나도 이십수 년 전에 이 책을 읽었고, 그때 당시엔 이 책의 문제점을 잘 인식하지 못했다. 잘 이해할 수 없는 남편의 마음과 행동을 해설해주는 듯한 편안함을 느끼기도 했다. 수많은 여성들이 이 책을 읽고 나처럼 생각했을 수도 있다. 선풍적인 인기를 끌며 팔려나간 이 책 덕분에, 남자라는 존재와 여자라는 존재에 대한 이해가 깊어진 듯이 보였다.

그러나 가장 중요한 점에서 이 책은 실패하고 있다. 이 책의 전제는 남자는 공적 영역에서 이성적인 '일'을 하고 여자는 사적 영역에서 '감정'을 담당한다는 것이다. 생물학적 다름을 내세운 성별분업적 구분이 화성남자 금성여자가 말하는 차이의 의미다. 불과 30년쯤 전의 세상은 그렇게 구성되어 있었던 건지도 모른다. 그러나 지금은 통념적 여성과 통념적 남성으로 구성된 부부라는 이미지 자체가 "이게 최선입니까? 확실해요?"라는 질문을 받는 시대다. 2030세대 청년들 중 비혼지향 인구는 이미 50%를 넘었다는 통계도 있다. 부부대화법의 뼈대를 이루는 생각이 성별분업적 화성남자 금성여자의 이미지에 머물러 있다면 비혼을 선택하는 인구는 점점 더 늘 수도 있다.

현재 한국 사회의 젠더문제는 남성과 여성의 서로 다른 생물학적 특성 때문이 아니라, 성차별적 분업구조로 인해 마땅히 지켜야 할 인권의 보장이 안 되어서다. 남자가 화성에서 오고 여자가 금성에서 왔든 말든, 지구에서 살아가기 위한 기본이 다를 리가 없다. 그 어떤 사람도, 그러니까 그 어떤 여자도 금성에 살지 않는다. 마찬가지로 그 어떤 남자도 화성에 살지 않는다. 표준적인 인간은 어디에도 없는 인간이다. 우리가 심리학이나 사회학에서 도움을 구하고자 하는 것은, 통념을 강화하기 위해서가 아니라 통념은 재구성될 수 있음을 배우고자 해서가 아닐까. 대화는 두 당사자가 평등하고 민주적으로 하는 것이지 '원래 이러한' 이미지들을 확인하고 교환하는 것이 아니다. 화성과 금성이 아니라 지구에 살기 위하여 올바른 생각법을 탐구하는 페미니즘을 만나보자.

광장으로 가는 길

서울퀴어문화축제라는 한걸음

서울시청광장에서 열린 제19회 서울퀴어문화축제에 가는 길은 뜨거웠다. 광장은 만일의 사태를 염려한다는 명목으로 펜스가 둘러쳐져 있었고, 나머지 공간은 온통 반反동성애를 외치는 사람들이 점령했다. 퀴어축제가 열리는 바로 옆에서 열겠다는 반동성애 집회를 허가해주지 않을 수도 있었지 않나 하는 생각도 해보지만, 사실 집회는 허가제가 아니다. 같은 날 바로 옆에서 그리하겠다는 사람들을 안 좋게는 볼지언정 국가가 금지할 수 없다는 것은 명백히 사회의 진일보려니.

그래서일까. 축제의 장으로 들어서기 전에도 다채로운 광경이 펼쳐졌다. 우선 눈에 띈 것은 "동성애에 반대한다"라고 울부짖다시피 하는 중년여성 몇 분과, 그 옆에서 다소 겸연쩍어하는 표정으로 "탈동성애는 인권입니다"라는 손팻말을 들고 늘어 선 청소년들이었다. 퀴어축제를 반대하고자 나온 사람들이긴 하지만 담론의 결은 사뭇 다를 텐데, 이들은 서로의 다른 생각을 어떻게 생각할까. 광장으로 가는 내가 무슨 생각을 하는지 토론할 생각은 있을까.

프레스센터 앞에 차려진 '퀴어보다 더 좋은'이란 이름의 무대는 탈동성애 팻말 조직의 것인 듯했다. 대형화면 속 흑인 래퍼의 흥겨운 춤과 동시에 길 건너편에서 터져 나오는 반동성애 집회 측의 노래는 〈독도는 우리땅〉이었다. 야시장처럼 북적이는, 같은 듯 다른 구호와 깃발의 영접을 받으며 광장으로 가는 길은, 제각기 다르게 진도 나가는 시민적 각성의 얼룩무늬로 짠 카페트 같아 보였다.

막상 광장으로 들어서니, 분명 같은 태양이 내리쬐는 속을 뚫고 지나왔는데도 태양은 더 밝고 뜨거웠다. 이 세상의 밝은 웃음은 거기 다 모아둔 듯이 웃음이 넘쳐났다. 아무도 담장 밖의 저 외침에 귀 기울이지 않았고, SNS를 떠도는 모함성 비난에도 신경 쓰지 않았다. 퀴어는 '서로 다르다는 것을 축복으로 받아들이는 사람들'이고 이날은 그 축복을 확인하는 축제임을 다시금 깨달았다. 광장에 모인 사람들의 상당수는 성소수자가 아니다. 그러나 광장에서 만난 어떤 이는 "우리는 모두 퀴어예요"라며 웃었다. 모두가 퀴어, 다양성을 인정하고 상호존중할 때 열리는 '천국의 다른 이름'이라 해도 괜찮을 것같이 밝은 날.

광장에서 나와 지하로 내려가면 만나는 풍경이 이날의 백미다. 똑같은 점퍼를 받쳐 입고 등과 가슴에 반동성애 구호를 써 붙인 사람들이 엄숙한 표정으로 화장실 앞에 줄을 서 있는 바로 옆에는, 각양각색의 무지개빛 치장을 하고 얼굴에도 팔에도 스티커 문신을 새긴 사람들이 발랄하게 웃고 떠들며 순서를 기다린다. 서로 간섭하거나 시비 걸지 않고, 흡사 행선지가 다른 버스를 기다리는 사람들처럼 그렇게.

이것이 지금 우리 사회의 놀라운 광경이다. 서로 공존할 수 없다고 입으로 부르짖는 사람들이 바로 그 사람들을 옆에 두고도 묵묵히 볼일 보러 들어가고 나온다. 이것은 진보일까? 둘 사이를 갈라놓는 펜스나 경찰인간띠 없이도, 화장실 앞에선 저절로 유지되는 질서와 평화는? 어떤 종류의, 아주 미세한 정도의 똘레랑스가 흐른다. 여기서부터 대화를 시작하면 어떨까를 잠시 생각하며, 줄이 너무 길어 다른 화장실을 가기로 했다.

2부

•

세상을
조금 바꾸는
언어

다른 것과 틀린 것

한 인상적인 공익광고를 봤다. 좀 길지만 내용을 옮겨 본다.

"다르다"와 "틀리다"의 뜻을 아시나요? // "다르다는 서로 같지 아니하다" "틀리다는 사실이 그르거나 어긋나다"라는 뜻입니다. // 모든 사람은 단지 다를 뿐, 틀린 사람은 없습니다. 나와 '다른' 사람을 '차별'하지 않는 사회, '차이'를 존중하는 사회, // 우리 모두 함께 행복한 대한민국입니다.

무슨 이런 기본을 광고까지? 그런데 주제가 "나는 혐오표현이 싫어요"였다. 핵심은 '차이'를 '차별'하지 말자이고, 그 '차이'의 내용에는 '인종' '여성' '장애인' '학력' '지역' 등이 두루 포함될 것이다.

다름과 틀림을 주제로 한 공익광고는 '2017년 상호존중과 배려—나는 맞고 남들은 틀리다' '2013년 다문화 이해와 소통'이 대표적이다. EBS와 여성가족부는 몇 년 전부터 다름과 틀림을 주제로 성차별, 장애인차별, 다문화 가정 차별을 반대하는 캠페인을 펼쳐오고 있기도 하다. 아쉽게도 이 광고 동영상이 게시된 정부페이지의 댓글들을 보면 아직 크게 효과는 없는 것 같지만.

이 '다르다/틀리다' 혼동은 한글문화연대 이건범 대표에 의하면 한국사람이 가장 많이 틀리는 말 4총사라고 한다. 그 네 가지는 ①사물존칭("커피나오셨습니다.") ②다르다/틀리다("다르다와 틀리다가 어떻게 틀리죠?") ③던/든("먹던 말던 상관 없다.") ④가르치다/가리키다("내가 가리키는 애들은 착해.")

사물과 사람을 구분하지 못하고 차이를 차별로 바꾸며 과거와 현재를 혼동하고 교육과 지시를 뒤섞어버린다. 좀 과장하면, 돈이 사람보다 중하고 과거사에 대한 형편없는 인식을 부끄러워하지 않으며 '핵인싸'가 아닌 모든 사람은 마구 차별해도 되고 계몽과 교육을 거절하고 멸시한다는 이야기다. 누가 이런 상황을 맞다고 하겠는가. 틀리다고 하지.

그런데 뜻밖에도, 다른 것을 틀리다고 하는 사람 못지않게, 틀린 것을 단지 다른 것이라고 주장하는 사람들도 많았다. 나와 남이 다를 때는 나는 맞고 남들은 틀리며,

나는 틀리고 남이 맞을 땐 나와 남은 그냥 다를 뿐이고 나의 틀린 언행은 다양성으로 보아야 한다는 궤변.

다름과 틀림을 제대로 구분하는 일은 단지 어휘의 뜻을 아는 문제가 아니다. 다른 것을 틀린 것으로 보는 사고방식은, 더 들여다보면 권위주의적 의식의 소산이다. 권력을 지닌 자의 주장은 '옳기' 때문에, 그와 다르면 틀린 것이 된다는 사고방식. 반대로 틀린 것도 다른 것이라는 주장은 잘못된 자유주의의 소산이다. 나는 무한한 표현과 행동의 자유가 있으므로, 내가 어떤 행동을 해도 그건 다른 것일 뿐 틀린 게 아니라는 착각. 우리의 생각과 언어와 행동의 바탕에는 이러한 정치사상들이 내면화된 관습과 문화가 있고, 심지어 뒤섞여 있다.

단지 말만 가르친다고 될 일이 아니다. 그건 그냥 글자만 '가리키는' 일이 될 뿐이다. 권위주의 정당이 자유민주주의를 말하고 자유주의 정당이 그것을 "틀렸다"고 말하지 못하는 것은 '달라서'가 아니라 철학이 부재해서다. 성평등이라 말하지 못하고 양성평등이라 말하는 것은 눈치 보기고. 아무래도 『자유론』 다시 읽기 캠페인을 해야 하나보다. 밀은 '타인에게 위해를 가하는 것은 자유가 아니다(틀린 것이다)'라고 말했다는데.

무의식의 말버릇, 술·담배·여자

어릴 적 이야기다. 동네에 한두 분씩은 다 있는 꼬장꼬 장한 할아버지. 그런데 그 할아버지를 묘사할 때 따라붙 는 이야기가 묘했다. "그 양반 평생 여자 모르고 살았지." "술 담배 여자를 멀리하셨어." "여자 보기를 돌처럼 했 지." 기타 등등. 한 남성노인의 고결함을 칭찬하는 문장 속에 빠지지 않고 등장하던 '여자를 멀리하고'.

묘하다는 것은, 그 할아버지는 당연히 배우자도 있고 손주도 여럿 보신 분이셨거든. 평생 여자를 멀리하고 사 신 분이라며? 그 할머니는 여자 아닌가?

이 말에 얽힌 비밀을 깨닫게 된 건 한참 나이 들어서였 다. 여자란, 연애를 하거나 대화를 하거나 일을 함께 하 거나 하는 지정성별 생물학적 여성이 아니라, 남성의 성 욕을 해결해주는 대상으로서의 여성육체를 말하는 것이 라는 사실 말이다. 그렇다면 '성매매를 하지 않는다'라고 말하면 될 일을 왜 굳이 '여자'라고 하지? 그 어법 속에 드러난 뿌리 깊은 여성비하. 요즘 말로 여성혐오가, 알고 나니 너무나 치욕스러웠다. 남자들에게 일반명사 여자란 술·담배처럼 기호식품, 그러니까 먹을 것이며, 술·담배처럼 살 수 있는 것이며, 공유도 하고 교환도 할 수 있는 일종의 상품이로구나. 수많은 남성들이 죄책감 없이 여성의 신체가 불법적으로 찍힌 동영상을 들여다보고 교환하며 소비하는가 하면, 심지어 엄연한 여자친구라는 호명을 지닌 여성을 '인증'한다면서 다른 남자들에게 전시하는 일이 발생하는 것 또한, 여성을 교환가치로 바라보는 인습의 발현이 아니겠는가.

오랜 세월에 걸쳐 여성을 교환하고 여성을 분배해온 문화는 여성을 육체에 예속된 존재로 보는 것에 익숙하다. 여자란 그러니까 일단 '몸'인 것이다. 일상적으로 사용하는 관습적 표현 속에 들어 있는 이런 식의 사고방식은 거의 무의식 수준에서 전승된 것이라 사용자 스스로 문제를 깨닫는 것이 쉽지는 않다.

남성들의 어법만이 문제인 것은 아니다. 여성들도 여성혐오적인 언어에 물들어 있는 경우가 많다. 생물학적 여성으로 태어났다 해서 저절로 성인지 능력이 생기는 것은 아니다. 다만 문제를 조금 더 빨리 인식할 수 있을 뿐이다. 심지어 언어 그 자체를 다루는 문인들도 일부러 노력하지 않으면 성인지적 감수성이 낮기는 마찬가지다. 스스로 창의적이라 여긴 표현들이 사실은 오랜 성차별적 문화의 무의식적 발현인지 아닌지를 분별하는 능력이 필요하다. 무의식이 의식의 표면으로 끌어올려져 반성을 요구받는 것이 현시대의 새로운 가치관이다. 무엇보다도 언어에 내재한 근본적인 성차별, 여성혐오를 의식할 것을 요구받는다.

일단 무의식의 언어습관을 점검하기 시작하면 많은 것이 달라진다. 법관들이 각성할 때 판결이 달라지고, 기자들이 각성할 때 기사의 사진이 달라진다. 우리의 문화는 지금 일상을 재구성 중이다.

여담. 얼마 전 우연히 남편이 친구들에게 하는 말을 듣게 되었다. 무슨 말 끝에, "나는 담배는 해도 술과 여자는 안 해." 내가 지적을 했다. "여보, 여자라고 하는 건 잘못되었어. 여자가 어떻게 술과 담배와 동격이야?" 남편은 화들짝 놀라며 "그러네. 잘못되었네"라고 수긍을 했다. 한번도 생각해보지 않은 언어습관에 이의가 들어올 때, 판단해보고 "내가 틀렸구나. 고칠게"라고 말할 수 있는 사람이 승자다.

여성적 언어가
따로 있는 것 '같아요'

김소월의 「진달래꽃」의 화자는 여성인가? 문학사가들은 이 시의 화자가 여성이라는 주장을 오래전부터 해왔다. 이 질문을 시론詩論 수업의 학생들에게 한 적이 있다. 학생들은 물론 김소월이 남자라는 것을 알았다. 그러나 시의 화자는 반드시 시인 자신과 일치할 필요는 없다는 점을 설명한 다음 물어보았을 때도, 여성화자가 맞다는 답변은 절반이 안 되었다. 가장 재미있던 주장은 이러했다. "무슨 남자는 배 여자는 항구도 아니고, (문학연구자들의) 편견이 심한 것 같아요."

이 의견 자체와 별개로, 이렇게 말한 학생은 남자일까 여자일까.

무의식적으로 '여자'라고 생각하는 독자가 많으실 것이다. 왜 그럴까.

어렸을 적에 나는 말을 똑부러지게 한다고 칭찬을 많

이 들었다. 대여섯 살적 이야기다. "할아버지 진지 드세요" 같은 말뿐 아니라, "저는 지금 심부름하고 싶지 않습니다. 할 일이 있습니다" 같은 말까지, 제법 정확한 문장을 구사해서 명료하게 말하는 편이었다. 그런데 자라면서 나의 이런 말하기 방법은 자주 지적질을 당했다. 요약하면 "여자애가 말을 그렇게 똑부러지게 하니 정 없다"라든가 "못됐다" 같은 지적은 예사고, "주는 거 없이 얄밉게 말한다"는 소리까지 들어야 했다. 정확하게 말했는데 그렇게 말하지 말라는 말을 여러 차례 들으면 말 자체를 하기가 어려워진다. 나중에 깨달은 것은, 내가 전달하고자 하는 내용이 아니라 나의 말하는 태도가 문제였다.

"선생님 그 설명은 잘못되었습니다" 대신에 "선생님 그건 좀 아닌 것 같은데요…"라고 어물어물 말해야 했던 것이고, "나는 이렇게 생각해" 대신 "네 생각은 어떠니"라고 해야 남들의 심기를 거스르지 않을 수 있다니, 아니, 심기를 거슬러서는 안 된다니, 도대체 여성은 어떻게 말해야 자기 생각을 분명하게 드러낼 수 있다는 걸까.

이런 말을 수많은 여성이 듣는다. "여자처럼 말하라."

손아람 작가는 여성들의 말하기에 개입하는 사회적 압력의 비밀을 이렇게 말한다.

"그들의 책과 생각들을 들을 때 깜짝 놀라고, 내가 깜짝 놀랐다는 사실에 화들짝 놀란다. 그리고 녹화가 시작

요즘 시대에 페미도 아니면 뭐해?

되면… 출연자들은 눈높이를 희미하게 감추고, 평소보다 더 부드럽고 더 어눌하게 사랑스럽고 더 조심스러운 사람이 되는 것이다. 그러면 몇 사람 없는 스튜디오가 온 세계의 편견과 감시에 둘러싸인 듯한 기분이 든다."(페이스북에서 인용)

더 보탤 것도 없이 정곡을 찌르는 이 묘사는, 여자처럼 말하기 위해 이성적 언어가 아닌 감성적 표현을 사용하고, 에둘러야 하고, 얼버무려야 하는 경험을 거의 모든 여성들이 하고 있음의 증빙이다. 여성은 제대로 된 분명한 생각을 지녀서는 안 된다고 여기는 듯하다. 심지어 책을 소개하는 방송에 출연하는 작가와 아나운서까지도.

북의 현송월과 김여정이 내려왔을 때, 그 여성들의 똑 부러지는 말투에 감명을 받은 사람들이 꽤나 있었다. 남한 여성들도 똑부러지게 말할 줄 안다. 똑부러지지 말라는 사회적 압력만 없다면.

위에서 '같아요'라고 말한 학생은 남자였다. 내가 교수였기에 그렇게 말한 것이다. "~~같아요"는 여성의 언어가 아니라 약자의 언어이기 때문이다.

성범죄를 변명해주는 언어, 이제 그만!

'어금니 아빠' 이영학을 기억하실 터. 그의 범행동기가 '성적 욕구 해소'를 위한 것임이 밝혀졌다는 뉴스가 포털을 도배한 적이 있다. 이 뉴스를 보며 '저런 인면수심의 나쁜 놈' 하고 개탄하는 목소리가 드높았다. 범죄 자체의 악함과 별개로 뉴스를 보며 자꾸만 불편해지는 대목이 있었다. 그러다 '성적 욕구'라는 말 뒤에 '해소'라는 말을 붙이는 걸 법으로 금지해야 한다는 진담 섞인 농담을 들었다. 동감했다.

살인범 이영학은 '성적 욕구를 해소'하기 위한 행동이라는 말이 자기 행위의 변명이 된다고 여겼던 것 같다. 범행동기로 내세운 것을 보면 말이다. 그런데 이 말은 '성적 욕구'를 '해소'하는 것은 절대적으로 정당화되어야 할 일이라는 생각이 일반화되어 있지 않다면 나오지 않을 발언이다. '해소'뿐 아니라 '성적 욕구'라는 말도 수상적다.

요즘 시대에 페미도 아니면 뭐해?

욕구가 아니라 욕망이라고 좀더 깊은 층위에서 발언해 보자.

성에 대한 욕망이 존중되는 이유는 그것이 생의 에너지를 샘솟게 하는 에로스이기 때문이지, 성기를 마찰하여 정액을 뿜어내는 행위를 높이 평가한다는 뜻은 아니다. 성적 욕구 해소라는 말에는 어딘가 그런 얄팍함이 있다. 프로이트를 잘 모르지만, 프로이트식으로 말하면 남근기(생식기)에 고착된 사고를 연상시킨다. 여섯 살짜리 정신세계다. 이런 느낌의 언어가 성인남성들의 언어생활에 아무렇지도 않게 쓰이다니 어딘가 이상하지 않은가.

프로이트 선생은 인간의 가장 깊은 욕망인 성욕은 억압되거나 승화된다고 했다. 어디에도 해소라는 말이 지닌바, 반드시 사라져야 한다는 의미는 없다. 어린 시절의 성욕은 부정한 것으로 인식되어 억압되고, 과도한 성욕은 다른 방향 에너지로 길을 바꾸어 승화됨으로써 위대한 업적을 낳는다. 충족되기도 하고 불만도 남지만, 이 불만은 다시 승화의 계기가 된다.

그리고 프로이트 시대에는 말이 안 나왔지만, 여성의 성적 욕망도 중요하다. 성적 욕구 해소라는 말을 하는 사람들이 그 해소의 행위에 여성주체를 등장시켜 남성을 도구삼아 해소해야 한다고 하는 말로 사용하진 않았을 것이다.

성적 욕구를 반드시 해소해야 한다고 믿는 사람은 프로이트식으로 해석하면 그냥 동물이다. 인간은 성에너지를 승화시켜서 인간성을 드높이는 데 쓰기 때문에 인간이다. 왜 우리 문화는 남성을 동물로 만들고 여성을 도구로 만드는 일에 반성이 없을까.

이런 무반성적인 사고방식이 잘못 구성된 언어를 타고 다음 세대로 이어진다는 것도 염려할 대목이다. 언어가 지닌 강력한 힘은 문화를 바꾼다. 잘못 사용된 언어는 문화를 타락시키는 것이고.

페이스북에 이런 불편함을 토로했더니 한 남자사람 페친이 "성심리는 개방할수록 발달을 한다고 하네요. 성적 욕구가 아닌 성적 욕망을, 해소가 아닌 드러내는 훈련을, 남성들끼리 몰래 하는 것이 아니라 여성들과 대화로, 문화적인 현상으로 퍼트리는 남성들이 많아지면 좋겠다"는 댓글을 달았다. 나는 여기에 덧붙여, 성을 성행위에서 해방시켜 자아가 타자를 만나게 하고 자신을 열어보이게 하는 에너지로 이해하는 깊이가 생겨났으면 한다. 일단 제대로 된 말부터 사용해보자. 성욕은 해소하는 것이 아니라 승화하는 것이라고. 특히 언론의 언어사용이 보다 성평등해지기를 기대한다.

요즘 시대에 페미도 아니면 뭐해?

세상의 남자는
딱 두 종류라고 합니다

"남자는 두 종류가 있어요. 제대로 성희롱 예방교육을 받은 사람과 그렇지 않은 사람. 성희롱 예방교육을 받은 분과 받지 않은 놈은 나이 불문, 학력 불문, 계급 불문 완전히 다른 종류예요." 전직 언론사 사장 한 분이 내게 칼럼 주제로 쓰라고 권하며 한 얘기다.

나는 이 말을, "세상에는 두 종류의 사용자가 있다. 성희롱 예방교육을 실시하는 사장과 하지 않는 사장"이라고 바꿔 말하고 싶다.

성희롱은 자칫하면 회사가 문을 닫게 될 수도 있는 중대한 범죄다. 이미 호식이두마리치킨 회장의 여직원 성추행 사건이 교훈적으로 보여주듯이, 사회는 성희롱을 더 이상 용납하지 않는다. 그러니 요즘 세상에 직장 다니면서 성희롱 조심하지 않는 사람이 어디 있겠냐 싶지만, 의외로 사람들은 성희롱이 범죄라는 사실은 알아도 어떤 언행이 성희롱인지는 모른다. 일반적으로 성범죄라 부르는 일들 중에 성희롱은 얼핏 경미한 범죄 같아 보인다. 심지어, 성희롱할 의도만 없으면 성희롱이 아니라고 오해도 많이들 한다. 따로 교육이 필요하다고 생각하지 않는 사용자들도 많기 때문에, 사회적으로 자꾸 촉구해야 할 일이다.

최근 드라마들은 다양한 에피소드로 여성으로 살아가는 일의 고단함을 보여주고 있는데, 그중 tvN 드라마 〈이번 생은 처음이라〉에 등장하는 직장여성 우수지의 회사생활이 대표적 사례. 우수지는 똑똑한 여성동료를 감당하지 못하는 동료 남성직원들의 언어성폭력에 적나라하게 노출되어 있다.

오직 여성이라는 것 말고는 자신들에게 꿀릴 것 없는 여성을 공격하는 수단으로 집단 성희롱이 자행되지만, 직장을 계속 다니려면 이를 문제삼기 어렵다. 그 직장동료들에게 누군가가 그런 언행은 성희롱이라고 지적한다면, 또는 우수지 당사자가 그렇게 지적한다면, 그 남자들은 뭐라고 말할까. 아마 열에 아홉은 이 여자가 멀쩡한 사람을 성범죄자로 몰고 있다느니, 사람 잡는다느니 할 것이다. 심지어 "우수지가 여자였어?"라든가 "이래서 여자는 시끄럽다"는 식의 또 다른 성희롱을 가할지도 모른다. 우수지는 그런 사실을 너무나 잘 알고 있고, 그래서

요즘 시대에 페미도 아니면 뭐해?

'쿨한' 방식으로 위태로운 상황을 넘긴다.

드라마 속 이야기에서 우수지는 그런 위기를 탈출할 수 있겠지만, 현실세계라면 어떨까. 그 기업의 CEO가 성희롱 예방교육을 도입하고 바로 그러한 상황이 성희롱이므로 처벌될 수 있음을 명확히 하지 않는 한, 조직 내 모든 단위에서 위계를 타고 벌어지는 이런 성적 공격은 사라지지 않을 것이다. 회사는 우수한 여성 직원을 잃거나 징벌적 손해배상을 당할 수도 있다.

성희롱 예방교육은 어떤 것이 성희롱인가를 인지하게 함으로써 성희롱 상황을 줄여나가는 동시에, 피해자가 성희롱에 효과적으로 대처하는 방법도 가르쳐준다. 평등한 인간관계를 맺는 법을 배움으로써 삶을 윤택하게 해준다. 내 의도가 아니라 받아들이는 상대의 반응을 중요시하는 훈련을 통해 타자와 공존하는 법도 배운다.

이미 1999년부터 공공기관이나 단체에서는 성희롱 예방교육을 하도록 법으로 정하고 있다. 공공단체뿐 아니라 모든 사업장에서 이런 교육을 실시해야 한다. 예방은 수습보다 비용이 덜 든다고 말하면 자본주의적 호소력이 있으려나?

다시 성희롱의 문제,
"내 의도는 그런 게 아니었어."

나는 지적질의 대가다. 아무리 어려운 자리에 있어도 수틀리는 말이 등장하면 꼭 짚고 본다. 원칙은 있다. 다른 사람을 모욕하는 말, 간섭하는 말, 이른바 '여성혐오'를 드러내는 말에 대해서 반응한다. 이 '여성혐오'라는 말 자체가 오해의 여지가 큰 번역이라는 논란은 일단 뒤로 물리기로 한다.

지적을 당하는 사람들의 공통점도 있다. 자기가 무슨 잘못을, 또는 실수를 저질렀기에 지적을 당하는가를 모른다는 점이다. 때문에 문제 있음을 지적하는 나를 오히려 무례하거나 까칠하거나 성격 좀 이상하거나 과도하게 예민한 사람이라고 단정짓고자 애를 쓴다.

이렇게 써놓고 보니 무슨 대단한 일처럼 보인다. 하지만 대부분은 사소한 말의 문제다. 예전에 페이스북에서 대화를 조금 나눈 사람이 있었는데, 어느날 대뜸 나에게

"누님"이라고 부르며 "형님이 잘해주셨나봐요, 기분이 좋으신 걸 보니"라는 댓글을 달았다. 이 말이 무례하고 주제넘으며 성희롱이라는 사실을 나는 당연히 지적했지만 그는 인정하지 않았다. 자신은 호의를 지니고 한 말이었으므로 그것을 이상하게 받아들이는 내가 잘못되었다는 것이다. "무례했습니다. 죄송합니다." 이 두 마디로 끝낼 이야기를 그는 악착같이 이런저런 말을 늘어놓으며 변명을 했다. 자기는 "그런 사람"이 아닌데 내가 '그런 사람' 취급을 했다는 거다. 도대체 그런 사람은 어떤 사람이기에 당신의 이러저러한 "말이 잘못"되었어요라는 지적에 왜 "그런 사람 아니다"라고 변명을 할까.

이 글을 읽는 독자들은 어떨까? 자기가 호의를 지니고 한 말은 어떤 무례한 말이라도 상대가 이해해야 할까? 나는 그런 의도가 아니었으므로 내 의도를 네가 알아줘야 하는 걸까?

여성이 당하는 성적 폭력을 크게 육체에 가하는 폭력과 정신에 가하는 폭력으로 나눈다면, 전자에 대해서는 상당히 경각심도 생기고 처벌해야 한다는 합의도 생겨나고 있다. 그러나 언어폭력이 상상 외로 심하다는 사실은 당하는 당사자를 제외하고는 심지어 같은 여성들조차도 잘 모를 때가 많다.

왜 이런 일이 벌어지는 걸까. 넓게 보면 우리 사회에서 타자를 존중하는 언어능력이 점점 퇴화되기 때문이겠다. 이럴 때 사회문화적으로 약자의 자리에 있는 사람들은 일상적인 언어폭력을 당하게 된다. 좁게 보면, 바로 그 약자의 자리, 사회적 위계의 아랫단에 놓이는 사람들이 대체로 여성이기 때문이겠고. 더 좁게 보면, 여성을 성적 대상화하는 것이 습관된 문화 탓이기도 하다.

바로 그래서, 성희롱은 반드시 남성이 여성에게 하는 것만이 아니다. 권력의 위계가 높은 여성이 남성에게 하기도 하고, 남성 강자들에게 편승하고 싶은 여성의 무의식이, 다른 여성에 대한 성희롱을 방관하거나 거기에 가세하게 만들기도 한다. 앞에서 예로 든 사건이 페북상에서 진행될 때, "그 동생 그런 사람 아니야"라고 역성들고 나선 사람들 중엔 여성들도 제법 있었다.

그래서 더더욱, 나는 조금 과장되게 지적을 하는 편이다. 특히 여성혐오발언이라고 판단할 때는 피곤을 무릅쓰고 일부러 그렇게 한다. "몰랐다"는 것이 얼마나 심각한 폭력인가를 각성해야 한다고 생각하기 때문이다. 신이 죽고 인간이 그 지위를 대신한 이래, 무지는 그 자체로 죄다. 지적당하는 사람에게도 장기적으로는 유익하다. 그러므로 여러분, 과감하게 지적을 하자. '그건 성희롱이에요'라고.

성평등, 젠더이퀄리티, 젠더평등, 그리고 평등

여성, 남성, 트랜스젠더남성, 트랜스젠더여성, 트랜스, 트랜스남성, 트랜스여성, 트랜스섹슈얼, 시스젠더, 젠더퀴어, 팬젠더, 폴리젠더….

이게 다 무슨 말일까. 호주의 퀸즐랜드 공과대학에서 젠더 연구를 진행하면서 익명으로 한 설문에 등장하는 젠더들이다. 젠더 하면 여성 또는 남성만 생각해온 우리의 통념이 무색하게도, 이 설문에는 무려 33가지의 젠더가 적혀 있었다. 이 수많은 젠더들이 '젠더이퀄리티'라는 말의 앞쪽에 있는 젠더라는 말의 내용이다. 한 인간의 육체에 깃들일 수 있는 사회적 성별이 이토록 다양하다니.

이렇게 섬세하게 젠더를 구분하는 이유는 한 사람 한 사람의 서로 다른 개체를 평등하게 존중하기 위해서다. 아무래도 말의 질감상 '양성평등'이라고 하면 세상의 모든 사람을 남자와 여자 두 패로 갈라 '집단 대 집단으로 평등하다'라고 말하는 느낌을 준다. 여성들 간의 차이, 남성들 간의 차이도 많은데 다 무시된다. 집단 내부의 위계라든가 집단에 섞여들지 못하는 다양한 소수자들이 아주 자연스럽게 배제된다. 그러다보면 동물농장의 슬그머니 바뀐 구호가 현실이 된다. "모든 동물은 평등하다. 그러나 어떤 동물은 더 평등하다."

양성평등이란 말의 양성은 심지어 젠더가 아니라 생물학적 성 구분을 자동으로 연상시킨다. 그러나 젠더이퀄리티gender equality라는 말은, 사회 내에서 각자가 스스로를 어떤 성으로 규정하더라도, 다시 말하면 자기의 정체성이 어떠하더라도 주체로서 존중받아야 한다는 생각을 담고 있다. 이러한 젠더이퀄리티라는 말을 우리나라에서 처음에 양성평등으로 번역해서 썼다. 이유는 당시 우리의 인식 수준이 젠더를 남성/여성 두 가지로만 이해했기 때문이다. 그랬다가 젠더가 양성이 아니라 성별 구분임을 좀더 분명히 하고자 성평등으로 바꾸었다. 번역어만 바꾼 것이다.

일부 기독교계에서 '동성애'를 인정하는 셈이기 때문에 성평등이라는 용어에 반대한다고 했다. 당연히 무식한 말이다. 양성평등이란 말을 "나머지 모든 차별 승인"의 의미로 바꿔 써도 무방할 정도다. 현실에 존재하는 동성애자들을 '없는 존재'로 주장하는 이분들의 행태가 더욱 무참한 것은, 여성가족부를 향한 이 공격이 결국 가부장적 '정상가족'을 제외한 모든 유사가족 형태에 대한 공격으로 이어지기 때문이기도 하다.

상상해본다. 내가 110세 때, 남편과 딸로 이루어진 가족공동체가 아니라 98세에 만난 다른 여성과 함께 살고 있을지도 모른다. 그러면 그녀가 아픈 나의 보호자가 되어야 하고 각종 관공서 일을 대신 해주어야 하며, 마침내 내 주검을 처리해주어야 한다. 물론 나도 그래야 한다. 그런데 그 어떤 사회적 보호와 지원도 받지 못한 채 개별적으로 이 일을 치러내야 한다면, 노인 동반고독사를 하게 될지도 모른다. 국가의 이런 보호를 젊은 시절에 받으면 왜 안 된다는 말인가.

말 한마디에도 배어 있는 딱 두 쪽뿐인 세상의 폭력성이 새삼 두렵다.

여류시인이란 말,
이상하지 않으세요?

여혐의 두 얼굴

두 유명한 여성이 서점을 냈다. 시인 김이듬의 '이듬책방'과 가수 요조의 '책방무사'다. 이 소식을 알리는 언론 기사에는 이들의 성별이 여성임을 드러내는 표지가 거의 없다. 그냥 김이듬 시인, 또는 시인 김이듬, 그냥 뮤지션 요조 또는 가수 요조.

여류시인이라는 말이 있(었)다. 시인이 생물학적으로 여성이면, 그는 그냥 시인이 아니라 여류시인이라 불리고, 그가 쓴 시는 앞에 수식어가 따로 붙어 여류시라 불리던 시절이 있었다. 여류란 여성을 차별하여 부르는 말이므로 폐기되어야 하고, 여성인 시인도 남성인 시인과 마찬가지로 시적 역량으로 평가되어야 한다는 주장을 펼친 1990년대 후반 여성시운동의 결과로 문단 자체에선 여류시 또는 여류시인이란 말이 거의 사라졌지만, 다른 분야에서는 여류란 말을 심심찮게 듣는다. 심지어 신문에 실린 글에서도, 좀만 나이 들었다 싶은 필자는 거의 예외 없이 여성인 예술가를 지칭할 때 꼭 '여류'라는 지칭을 앞세우곤 한다.

'여류'라는 말이 처음 등장한 것은 1920년대부터 등장한 '신'여성들 때문이었다는 것이 정설이다. 여전女專(여자전문학교)을 나오거나 유학을 다녀와서 남성들의 사회 영역에 발을 내디딘 여성들은, 패션에서 사생활까지 온통 주목의 대상이었다. 반드시 문필가가 아니라도 여기저기 매체에 다양한 글을 써서 '여류문사'라 불리게 된 일군의 지식인 여성들은 언제나 화제의 중심이 되었다. 즉 '여류'란 특출한 여성을 가리켰다. '여류'라는 특별한 집단에 속한 여성. '남류'와 구분하기 위해서 생긴 말이 아니라, '여성들 중 특별한 부류'.

'여류'란 말은, '여성혐오'란 반드시 여성을 비하하거나 모욕하는 방식으로뿐 아니라 추켜세우고 보살피는 방식으로도 드러난다는 것을 잘 보여준다. 단순히 성별을 알리기 위해서 붙이는 접두사엔 '류'라는 말을 쓰지 않는다. 여학생·여가수 등을 생각해보면 금세 알 수 있다. 그래서 한때는 스스로를 '여류'라 부르고 싶어 한 '여류'들도 있었다.

이렇게 되자 '여류'라는 말은 이중적으로 쓰였다. 여류라 불린 여성과 그렇지 못한 여성이 차별되었다. 정확히 말하면 여류라고 불려야 세상의 무대에 등록될 수 있었고 나머지는 없는 존재였다. 그러면서 한편으로는 여성은 아무리 뛰어나봐야 '여자일 뿐'이라는 차별 또한 여전히 고수되었다. 문사와 '여류' 문사, 시인과 '여류' 시인, 작가와 '여류' 작가. 이렇게만 놓고 보아도 '여류'라는 말이 지닌 '2등인간화' 효과를 인지할 수 있다. 뿐만 아니라 '여류'가 사회적으로 용납되기 힘든 언행을 했다고 간주될 때의 응징은 훨씬 더 가혹했다. 우리가 지금 '선각자들'이라고 부르는 여성 선배들, 나혜석·전혜린 등이 걸어간 삶을 조금만 반추해보아도 마음이 슬퍼진다.

신여성이란 말이 죽은 말이 된 지금도 '여류'란 말은 돌아다니고 있다는 것이야말로, 우리 사회의 여성혐오의 깊이와 끈질김을 드러내준다. 무심코 사용하는 말 속에 이런 비하와 차별이 숨어 있다면, 이런 말들을 드러내 비판하는 여성들의 말에 귀 좀 기울이시는 게 어떨까.

헌법적 여성은
어떻게 생겼을까

87년체제가 이미 낡아 곳곳에서 삐그덕거린다는 것은 누구나 하는 말이다. 개헌이 필요하다는 말도 누구나 한다. 2018년 3월 22일 청와대는 개헌안을 마련해서 발표했다. 이 안은 비록 국회에서 투표조차 못했지만, 우리나라가 장기적으로 나아갈 방향을 제시하고자 하는 새로운 담론으로 제시되었다. 전문을 다시 읽어본다. 이 헌법전문은 그 자체로 촛불이 불러온 시대변화를 읽게 해준다.

물론 비판도 나온다. 젠더 의식이 분명하게 드러나지 않았고, 낙태죄 폐지, 성소수자 인권 보호, 대체복무제 도입, 사형제 폐지 등 유엔 인권이사회가 제시한 권고안의 절반을 '사회적 합의'가 안 되었음을 이유로 거부하고 있다. 완벽한 헌법안이 아니라는 것이다. 그 때문에 발표한 다음 사회적 공론을 통해 수정되고 보완되어야 한다. 큰 줄기에서 바로 그 '사회적 합의'를 향한 공론화의 첫걸음은 뗀 셈임을 높이 평가하면서, 개헌 문제를 국회가 제대로 다루고 그래서 국민이 논의에 참여할 수 있는 기회가 다가올 때를 대비하여 좀 살펴보기로 한다.

이번 개헌안에서 내가 특히 주목한 곳은, 천부인권을 가진 기본권의 주체를 국민에서 사람으로 '확대'한 대목이다. 이번 개헌안의 가치를 단 하나만 꼽으라면 이 '확대'라는 말을 꼽고 싶다. 물론 헌법은 명문화된 조항뿐 아니라 해석투쟁과 그 결과인 '법률 만들고 바꾸기'를 통한 의미의 '확대' 범위가 어느 정도인가가 중요하다. 과잉 해석을 무릅쓰고 '국민'이라는 말로 지칭되던 모습을 간추려보면, 이 '사람으로 확대하다'라는 말의 의미가 그 중요성이 조금 더 드러나 보이겠다.

이번 헌법이 염두에 둔 '사람'은 어떻게 생겼을까를 상상해본다. 우리는 지금까지 '국민'이라는 말로 "성별·종교·장애·연령·인종·지역 또는 사회적 신분을 이유로 정치적·경제적·사회적·문화적 생활의 모든 영역에서 차별을 받아"온 '사람'들을 적당히 배제해온 것은 아닐까?

이렇다 할 뚜렷한 국민 이미지를 우리가 만들어놓고 있는 것 같지는 않지만, 한 가지 분명한 것은 국민은 집합명사라는 것이다. 국민 여러분이라 불릴 때마다 제멋대로 해석되고 구성되는 저 국민 속에 내가 과연 들어가야 하나 말아야 하나를 놓고 쓸데없이 짜증이 나던 시대가 이제는 지나가려는 걸까? '사람으로 확대'함으로써 그 사람의 이미지가 보다 다양해지고 개인의 차이가 존중되는 방향으로 풍부해지는 것만은 틀림없다. 심지어 이 존중은, 개헌안에 의하면 생명 가진 모든 존재들에게까지 '확대'되기까지 한다.

그러니 적극적으로 상상해보자. 노동자 여성인 나, 일과 가정을 둘 다 책임져야 한다는 요구에 시달리고…. 유권자 여성인 나, 언제나 남성 후보자들 중에서 골라야 하고…. 하급자 여성인 나, 성폭력 원하는 사회에 시달리고…. 이런 내가 새로운 헌법이 말하는 '사람'으로 보이려면 어떤 모습이어야 할까. 헌법적 여성은 어떻게 생겼을까.

헌법 조항을 놓고 무슨 문학작품 읽듯이 상상의 나래를 펼치는 건 좀 과잉 같지만, 따지고 보면 현대인들에게 가장 깊은 영감을 준 좋은 사회적 언어는 훌륭한 헌법에 다 있다고 봐도 과언이 아니다. 그러므로 여성들이 좀더 적극적인 젠더평등적 조항을 요구하는 것은 결코 과도하지 않다.

젠더평등한 언어야말로 아무도 차별하지 않는 아름다운 언어다. '사회적 미합의'를 돌파해내는 힘이 아직 미약하고, 이제 겨우 가장 부정적이고 어두운 언어인 성폭력 권하는 사회의 언어에 맞서는 싸움이 시작되고 있을 뿐인 것이 문제지만, 다행히 시간은 차별받고 소외된 '사람'들 편이다. 특히 세상의 절반인 여성들이 헌법적 여성주체로서 스스로를 발견하기만 한다면, 그 시간은 굉장히 빨리 '사람들' 편으로 달려올 것이다. 세상의 모든 변화는, 그 변화를 담는 언어가 제대로 생겨날 때 비로소 현실이 되지 않는가.

요즘 시대에 페미도 아니면 뭐해?

잠재적 가해자 탈출하기

2016년 강남역 살인사건이 우리 사회에 유행시킨 언어를 셋만 꼽자면 '여성혐오' '메갈' '잠재적 가해자'가 아닐까 한다. 이 말들은 묘하게도 구체적 정황을 이야기하면서 동시에 그 정황을 추상화하고 집단화하여 낙인을 찍는 경향을 지닌다. 예컨대 여성혐오란 특정한 발화이자 그 발화를 문제로 인식하게 하는 시선이며, 메갈이란 메갈리아 사용자를 지칭하는 말이자 동시에 페미니스트를 낙인찍어 배제하기 위한 집합명사가 된다. 이 세 가지 어휘는 서로 매우 밀접하게 연결되어 있긴 하지만, 이 중 '잠재적 가해자'라는 말에 대해 이야기해보자.

모두가 그런 것은 아니라면서요

아마 강남역 살인사건 당시 남성들이 여성들의 이야기에 가장 반발했던 게 이 말이 아닐까 싶다. 강남역 살인사건이 여혐범죄라는 여성들의 주장에 많은 남성들이 "왜 모든 남자들을 잠재적 가해자로 모느냐"고 맞섰다. 이어 '자신들을 가해자로 모는 가해'를 했다는 논리로, 다른 말로 '남혐'을 했다는 논리로, 여성혐오를 미러링한 메갈리아를 공격하기 시작했다. 흡사, 우리 사회의 청년 세대가 '메갈'과 '잠재적 가해자'로 나뉜 듯한 느낌마저 들 정도로 이 대립은 패싸움의 성격을 띠고 진행되었다.

문화 속에 분명히 존재하는 성차별적 사고방식, 그 사고가 드러나는 언어표현과 그 표현에 의해 강화되는 혐오표현을 여성혐오라 부르는 것에 논리적 하자는 없다. 여성혐오라는 말이 그 혐오를 말하는 사람을 남성이라고 특정하지도 않는다. 더구나 '모든 남성은 다 여혐종자다'라는 말을 포함하지도 않는다.

그런데도 왜 많은 남성들은, 여성이 여성혐오에 대해 이야기를 시작하면 그것을 '모든' 남성에 대한 공격이고 따라서 '자기자신'에 대한 공격으로 받아들이고, '모든 남성을 대표하여' '개인적'으로 분노를 할까. 이 분노의 연쇄는 논리적 근거가 없다. 집단정체성과 자기 자신의 특수한 개인적 정체성을 구분을 못하는 이러한 사고가 유독 차별의 문제에서 드러난다는 것은 의미심장한 일이다.

실제로 성차별뿐 아니라 지역차별·인종차별·빈부차

별 등의 모든 국면에서, 차별하는 쪽은 차별당하는 쪽의 비난에 대해 '모두가 그런 것은 아니'라는 말로, '모두'를 비난하지 말라는 말로, 비난 자체를 봉쇄하면서 동시에 그 '모두'의 일원으로 스스로를 위치시키곤 한다. 여성혐오라는 말에 퍼부어지는 남성들의 반격 역시 똑같은 형태를 띠고 있다.

이러한 봉쇄에 대한 반격으로서 상당히 강력한 파장을 일으킨 말이, 바로 저 '잠재적 가해자'라는 말이었다. 나는 '잠재적 가해자'라는 어휘가 남성 개개인이 매우 공격적으로 느끼기 쉬운 말이라는 것에는 동감한다. 그런 한편 성폭력이나 여혐범죄에 관하여 생각해보면, 남성이 가해자가 될 가능성이 높다는 것에는 모두들 동의하시리라 믿는다. 물론 모든 남성들이 실제로 여성에게 폭력을 행사하려는 생각을 하지는 않는다. 여성차별적 사회에서 남성들이 잠재적 수혜자라는 사실을 잊어버리고 있을 따름이다. 잠재적 가해자란, 잠재적 수혜자라는 말의 다소 강한 표현에 지나지 않을 수도 있다.

그런데 그 뒤 #미투의 이름으로 성폭력 고발이 전면화되면서, 나는 상당히 논쟁적인 저 어휘들이 어딘가 아픈 데를 제대로 찌르고 있다는 느낌을 받았다.

제대로 찔린 도착적 사고방식

이런 글이 있었다. '시'라고 불리긴 했는데, 이 글을 시라고 인정해야 할지 자못 고민스러운 그 '시'는 고인이 된 박남철의 「첫사랑」이라는 작품이다. 첫사랑의 대상이던 새침한 여고생이 자신에게 만나자는 편지를 보냈을 때 그 소녀를 죽도록 때렸다는 내용인데, 많은 이들이 환상이 깨어진 아픔을 폭력으로밖에 표현 못하는 사춘기 소년의 감성을 잘 표현했다는 식의 고평을 하는 것을 보았다.

당최 첫사랑 소년의 감성이 왜 폭력적이어야 하는지도 의문이지만 십분 양보하여 그런 평가를 인정해준다 치더라도, 박남철은 자신이 소녀를 때렸다고 말하지 않고 "그날 밤 계집애는 얻어맞았다"라고 썼다. 그런데 이 표현은 대체로 무시되었다. 자기가 때렸는데도 상대가 얻어맞았다고 쓰는 도착증. 어떻게 평가를 하더라도 이 대목이 도착적인 것은 부인할 수 없는 사실이다.

이러한 도착적 사고방식은 안타깝게도 특별하지 않다. 이미 많은 사람들이 문제제기를 했다시피, 피해자 이름을 붙인 사건의 목록은 얼마나 긴가. 강간과 성추행 같은 성범죄를 예방하기 위하여 언제나 여성이 조심하라는 이야기를 한다. 남자아이들에게 어릴 적부터 성폭력 저지르면 안 된다고 가르치면 많은 일이 달라질 텐데.

그런데 "남자아이들을 잘 가르치자"라고 페이스북에 썼다가 나는 대단한 항의를 받았다. 왜 모든 남자아이들을 '잠재적 가해자'로 모느냐는 것이다. 가해자가 되지 않을 수 있게끔 교육하는 일이 곧 그 교육대상을 잠재적 가해자로 취급하는 일이라는 주장이다. 도둑질과 살인을 하지 말라는 가르침이 모든 인간을 살인강도 취급을 하는 것이라고는 아무도 주장하지 않을 터인데.

이런 주장이 말 그대로 말이 안 된다는 사실을 희한하게도 항의자들은 인식하지 못한다. 그리고 이러한 사고방식의 집약은, "맞을 짓을 하니까 맞았다"라는 한 줄 문장으로 요약되기 쉽다. 가해자의 존재는 피해자가 당한 피해에 대한 도착적 설명 속에 파묻혀버린다. 피해자가 가해를 유발해서 가해를 한 것이므로 가해자는 일종의 피해자라는 논리다. 일종의 "주어가 없다" 상황이라고나 할까. 심지어 미성년자 성매매를 했던 남성들조차 이런 식의 도착된 논리를 전개한다.

성폭력 피해경험을 소설로 써서 세계적인 주목을 받은 소설 『다크챕터』에는 가해자로 길러지는 15세 소년이 등장한다. 학교와 가정에서 방치된 채 강간범죄를 저지르는 소년이다. 우리나라는 여기에 군대라고 하는 특수한 집단문화가 가세한다. 소년과 청년의 문화가 얼마나 폭력적이고 또 성폭력적인가를 제대로 들여다보고 변화시킬 시기가 이미 늦다.

#미투로 통칭되는 성폭력 고발이 이어지면서 제도적 해결이 필요하다는 목소리도 높아진다. 당장 드러난 피해자를 돕고 가해자를 처벌하는 일도 중요하지만, 가해자로 길러지지 않게 하는 대책이 가장 중요하지 않을까.

일부가 보여주는 '피해자 서사'는 도덕주의의 뒤집어진 양태다. 피해자, 그것도 아무런 죄가 없는 무고한 희생자. 잠재적 가해자라는 말에 분개하는 사람들은 결국 스스로의 무고함을 인정받지 못했다고 분개하는 것과 다름이 없다. 억울한가? 그렇다면 가해자가 될 가능성을 늘 잠재하고 있는 이 잘못된 구조를 함께 혁파하자. '가해하지 않기' 교육부터 시작해보자.

강자의 무지는
쉽게 폭력이 된다

2001년 9월 11일 한밤중이었다. 미국 뉴욕의 쌍둥이빌딩이 비행기 한 대와 충돌하여 폭발하고 무너지는 것을 인터넷으로 우연히 보았다. 두번째 건물에 비행기가 관통하는 장면이었다. 뉴욕은 이른 아침이었고, 사건은 거의 실시간 아니면 조금 전에 발생했다. 잠시 뒤 화면을 함께 보던 누군가가 말했다. "영화 아냐?"

곧이어 우리는 건물붕괴로 죽거나 다친 사람들과 그 어마어마한 사고에 대해 염려하기 시작했지만, 그때만 해도 이것이 장차 세계를 안보라는 명목으로 경찰국가화해버릴 일의 시작임을 알지 못했다. 21세기는 바로 이 순간 시작되었고, 20세기라는 전쟁과 폭력의 세기를 졸업하고 평화와 번영의 지구공동체로 나아가게 되리라던 밀레니엄의 꿈은 산산조각이 났다. 그 밑바닥에 건국 이후 처음으로 본토를 공격받았다는 미국인의 공포가 도사리고 있었다. 정확히 말하면 "나는 남을 공격해도 남이 나를 공격하는 일은 있을 수 없다"는 무지한 생각이 무너진데서 오는 공포다. 공포는 얼마나 정치적으로 이용당하기 쉬운 정서인지를 뼈저리게 눈으로 확인했다.

미국이, 정확히는 조지 부시 행정부가 세계무역센터 건물 붕괴를 불러온 비행기 충돌을 일종의 자살테러로 규정하고 그 배후로 오사마 빈 라덴을 주목했을 때, 세계가 출렁였을 뿐 아니라 우리나라도 그 직접적 영향권에 들어갔다. 김대중 대통령 당시 우리나라는 미국의 요구로 아프간에 파병해야 했으며, 노무현 대통령 때도 이라크에 파병을 해야 했다. 그때 한국의 수많은 사람들은 파병에 반대하고 이 전쟁이 미국의 이슬람에 대한 오랜 편견과 박해가 불러온 문제임을 지적했다. 한마디로 테러는 잘못된 것이지만 테러를 종식시키고자 한다면 전쟁 또는 소탕이 아니라 이슬람에 대한 공격적 정책을 바꿔야 한다는 것이다.

그러나 이러한 약소국가들의 주장은 미국인들의 가슴에 가닿지 않았다. 당시 깨달은 것은 대다수 미국인들이 국제사회, 자기나라 밖의 세계에 대해 놀라울 정도로 무지하다는 사실이었다. 미국인들은 자신의 조국이 중동에, 아프리카에, 중남미에, 아시아에 저질렀거나 저지르고 있는 폭력을 전혀 모르고 있거나 알려고 하지도 않았다. 몰라도 사는 데 아무 지장이 없었기 때문이다. 그리하여, 민주주의가 아니라 무력과 금력이 지배하는 세계로 거의 굴러 떨어지는 속도로 달려가게 되었다.

나는 이런 태도를 '강자의 무지'라고 불렀다. 강자의 무지에 사로잡히는 것은 강대국 국민뿐이 아니다. 가장 좁은 사회적 영역인 가정이나 일상의 개인 대 개인 관계에서도, 타인의 감정이나 상황을 몰라도 되는 그 사람은 바로 강자다. 그 모른다는 사실이 어떤 결과를 낳는지 알려고 하지 않는 순간 그는 폭력을 저지르고 있다.

언젠가 한 원로문인이 단풍을 '화냥년'에 비유했다가 물의를 빚었다. 그분과 그분의 옹호자들은 억울해했다. 그냥 표현했을 뿐이라며. 그 표현이 여성 일반을 모욕하고 배제하는 혐오의 폭력이 될 수 있다는 사실을 알려고 하지 않는다. 자기가 재미있고 자기가 하고 싶으니까 해도 된다고 느낀다면, 그건 강자의 무지와 강자의 폭력을 저지르는 일이며, 그 폭력으로 말미암아 세계의 어느 한 부분을 괴롭힌다는 인식이 없는 그것이 바로 문제임을 모르는 것이다. 자신이 무지에 사로잡혀 있은지 반성하지 않는 강자에게 우리는 이제 새 이름을 붙일 때가 되었다. 가해자라고. 무지의 폭력이 빚어내는 가해에서 탈출하여 연대자가 되는 강자가 늘어나기를 바란다.

예언은 진실을 호도하고
사과는 진실을 분장한다

"중재는 진실을 은폐한다"라는 말이 있다. 이 말은 라넷 LARNET, Labor Reporters Network이 제작한 영상보고서 〈밥·꽃·양〉에 등장하는 소제목이다. 〈밥·꽃·양〉은 1998년에서 2000년에 이르는 울산현대자동차 식당노조원들의 투쟁을 다룬 이야기다. 영화는 1998년 파업의 핵심적 주체였던 '밥'하는 '아줌마'들이 소위 투쟁의 '꽃'이었다가 통째로 들려나가고(희생'양'), 회사가 경영정상화가 되고 나면 복직시켜준다는 약속을 지키지 않아 다시 투쟁에 나서는 사건을 따라간다. 각종 허위 약속과 법률적 장치를 등에 업은 정부와 사측과 심지어 노조측의 기만, 여성이기에 당해야 하는 이중억압과 착취 등 우리 사회의 속사정이 담담한 듯 격렬하게 펼쳐진 영상보고서였다.

그런데 이 영화가 대중 앞에 처음 알려진 것은 뜻밖에도 2001년 울산인권영화제에서 사전검열을 거부하며 상영을 철회한다는 선언 때문이었다. 당시 영화제 주최측은 이 영화가 노노勞勞 갈등을 보여준다며 내용에 문제를 제기했었다. 규모는 작았지만 이 사건은 여성들이 공개적으로 성폭력을 고발하기 시작한 #미투에 대해 발생한 역작용, 즉 #미투 검열과 흡사한 데가 있다. 이 상황을 나는 라넷을 흉내내어 #미투 검열에 대해 "예언은 진실을 호도하고 사과는 진실을 분장한다"라고 말해볼까 한다.

특히 김어준의 발언으로 촉발된 음모론적 의심, 앞으로 진보진영을 향한 #미투 폭로가 발생할 수도 있다는 공작의 눈이 꼬리를 활짝 펴는 바람에 마음이 몹시 피곤하다. 두고 보면 알겠지만, 진보진영 남성들을 향한 폭로는 늘어나면 늘어났지 줄어들지 않을 것이다. 왜냐하면, 진보보수 막론하고 그것이 우리나라 남성 일반의 그야말로 '진실'이기 때문이다. 더구나 장자연 사건 때처럼 죽음으로 폭로하지 않아도 될 정도로는 세상이 진보했으므로. 이 정도는 공작이 아니라 참새꼬리도 아닌 나도 예언할 수 있다.

그런데 공작적 음모의 예언 결과, 불행하게도 앞으로 등장하는 #미투가 진보진영의 유력한 남성을 겨냥할 때 진영 내부의 여성들의 마음속엔 먹구름이 낄 것이다. 혹시? 이렇게 하여 예언은 진실을 호도하게 된다.

구체적 당사자가 있는 문제에서, 중재는 자칫 피해자

와 가해자를 절충시키고 서로 조금씩 양보하는 선에서 문제를 봉합하는 결과를 낳고 만다. 아니 대체로 그러하다. '서로 양보해서'가 중재의 핵심적 태도라 할 수 있는데, 이 태도는 비유적으로 말하자면 가난한 사람의 돈을 100만 원 뺏은 사람에게 50만 원 돌려주라고 하는 것과 같다. 그러면 서로 공평하게 50만 원씩 손해본 거 아니냐면서. 처음부터 기울어진 운동장을 기정사실화하고 중재가 시작된다. 그러니 피해자의 권력을 보강해주지 않는 어떤 중재라도 진실로부터는 멀리 있게 마련이다. 그렇기 때문에 〈밥·꽃·양〉은 계속해서 중재가 당사자들의 진짜 문제를 은폐시킨다고 주장해왔다.

그렇다면 중재 대신 무엇이 필요한가? 피해당사자가 자기의 문제를 충분히 드러내게끔 경청하는 일이 먼저다. 왜 경청해야 하는가? 가해당사자가 자기문제를 충분히 인식해야만 해결의 실마리가 풀리기 때문이다. 중재는 가해당사자를 중재자의 뒤에 숨게 하고, "이만하면 되었다"라는 면죄부를 준다. 더구나 피해자가 중재에 합의한 적 없는 권위자의 중재는, 심하게는 또 다른 가해다.

이 매커니즘을 언론이 중재하는 유명 예술인들의 대언론사과에서 본다. 사과란 용서를 위한 첫걸음이며, 용서는 당사자가 하는 것이지 대중일반이 하는 게 아니다. 그런데 사과가 언론에 발표되고, 무엇을 잘못했는지는 두

루뭉수리하게 표현되며 대중일반이 먼저 나서서 힘내세요를 외치며 용서하는 역을 자임한다. 아, 이런, 얼마나 연극적 분장인지 모르겠다. 아니, 이 얼마나 고도의 정치 행위인지 모르겠다. #미투가 보이지 않지만 엄연히 존재하는 위력을 폭로하고 폭력을 드러내며 결코 되돌아가지 않겠다는 각오를 다지는 일인 바로 그만큼, 가해자들의 반발은 아주 굳건히 과거의 습관 위에 이루어진다. 안 보이는 여성들, 안 보이는 고발, 안 보이는 분노처럼 취급하면서. 그러므로 #미투에 대한 어떤 남성 일반의 정의定義도 은폐에 속한다는 것을 상기할 필요가 있다.

현재가 변하지 않으면
과거가 대신 책임을 진다

문학은 여혐해도 되나?

시인 김수영을 연구하면서 몇 해를 보냈다. 한국 시문학사의 가장 중요한 변곡점을 만들어낸 시인이지만, 최근들어 김수영이 나를 괴롭힌 대목은 시의 난해성도, 그의 시가 지닌 정치성도 현대성도 아닌, "여성혐오의 혐의"였다. 특히 문제가 된 시는 「죄와 벌」이라는 제목이 붙은 시로, 도스토예프스키의 「죄와 벌」에 빗대어 삶의 동반자인 아내(여편네)를 향한 복합적 태도를 드러낸 시다.

"남에게 희생을 당할만한／충분한 각오를 가진 사람만이／살인을 한다"라는 수수께끼 같은 말이 등장하더니 곧바로 "그러나 우산대로／여편네를 때려눕혔을 때"라는 엄청난 반전의 진술이 이어지는 시다. 이 시는 그동안의 김수영의 문학적 위상을 흔들어버릴 수도 있을 만큼 큰 반감을 불러 일으켰다. 표면에 드러나는 아내 폭력의 언어를 여성혐오의 증거로 보느냐 또는 풍부한 함의를 지닌

요즘 시대에 페미도 아니면 뭐해?

시적 진술로 보느냐의 투쟁은 진행형이지만, 그러한 해석투쟁이 가능하다는 것이야말로 시의 역사가 시적 해석의 역사임을 말해준다.

시에서 살인이란 단순한 폭력이 아니고 존재의 파괴이며, 따라서 희생이란 부활의 예비다. 그러니 남성의 종속물이 아니고자 하는 여성과의 투쟁에서 때려눕히기만 했을 뿐 살인을 못한 시는 혁명에 실패한 시다. '그러나' 김수영은 그 실패를 기록함으로써 성공으로 향한 길을 만들어주었다. 이 시는 여성혐오적이자 동시에 그 혐오의 원인(실패에서 기인한다는)을 보여준 시다. 이런 해석투쟁 자체가 시대의 변화를 보여주는 것이다. 이런 투쟁을 이기고 살아남아야 하는 것 또한 문학의 사명이기도 하다.

어쨌거나 시대가 그러하지만 않았다면 충분히 다른 언어를 말할 능력이 있었던 시인의, 닫힌 시대의 결과로서의 폭력성은, 바로 그러한 폭력성으로부터 해방되고자 하는 기나긴 투쟁이 있은 지금은 과거의 일이 되었다. 그의 시구절대로 "꽃은 열매의 상부에 피"고, 그는 애써 맺은 열매이며 미래에 사는 우리가 바로 꽃이니까.

그런데 이 꽃에 서식하는 벌레들이 있다. 바로 지금 이시대에도 제정신 못 차리고 여성에 대한 낡은 비유를 문학인 줄 알고 읊는 사람들이다. 50년 전에 쓴 시가 불려나와 재해석을 요구받는 시대다. 세상 변하는 줄을 모르면 이들 대신 이들이 자랑스럽게 시의 조상으로 일컫는 바로 그 과거가, 바로 그 정전正典, canon이, 바로 그 전통이 비난과 부정의 대상이 된다. 남성들의 문학사를 다른 말로 "애비 죽이기의 역사"라고도 하는데, 그 아버지의 투쟁에서 배운 것이 없는 후배들을 과연 김수영이 자신의 미래라고 인정할 수 있을까. 어디 시인들뿐이랴. 여성에게 폭력을 행사하여 복역하고도 그 경험을 과시하듯 소설로 써낸 소설가까지 등장한 사건이야말로 시대가 정말로 변했나 하는 의심을 하게 한다.

김수영을 해석의 역사 속에 머물게 할 때 그의 어이없는 폭력성은 문학이 된다. 그러나 해석의 그물망을 뚫고 나가지도 못할 여혐적 언어를 과거에 그러했던 것처럼 오늘도 문학의 일부로 양해해야 한다는 주장을 내세우려 할 때는, 변화하는 시대를 인식하지 못하고 새로움을 보여주지 않는 당신들의 현재를 과거의 김수영이 뭐라고 할지 내 귀엔 생생히 들리는 듯하다. '이미 죽은 것을 문학이라 부르다니, 좀비 아닌가?'라고.

절대적이고 상대적인 김지영

세계적인 베스트셀러 작가가 있었다. 기억은 그가 움베르토 에코 같다고 말해주지만, 기억을 확신할 수는 없다. 하여간 에코라고 추정되는 그 작가가 하루는 재미있는 실험을 한 일이 있다. 소설이 하도 잘 팔리니까, 제대로 읽히고는 있는지가 궁금해졌던 거다. 책의 중간쯤에 반송엽서를 끼워 제본을 해서 출판사로 그 엽서를 보내오는 독자에게 선물을 주기로 했다. 어떻게 되었을까? 극히 일부 독자만이 엽서를 보내왔다. 엽서가 있는 페이지까지 열어본 독자들 중 일부만이 엽서를 보냈다고 추정하더라도 턱없이 적은 비율이었다. 난해하기 짝이 없는 그의 소설을 유명세에 끌려 구입한 독자들의 대부분은 책을 거의 읽지 않았다고 짐작되는 것이다. 읽지 않은 책을 읽은 척하는 방법 같은 책도 있을 정도이니 구매가 곧 교양이 되는 것은 이탈리아나 우리나라나 특별히 다를 것 같지는 않다.

하지만 읽지 않은 소설이 사람들의 화제거리가 되는 것을 넘어, 읽지 않은 사람들에 의해 읽은 사람들이 수난을 당하는 일까지 발생하는 것은 우리나라만의 독특한 풍경이 아닐까 의구심이 생긴다. 『82년생 김지영』이야기다. 이 소설을 읽은 이들을 '페미니스트'라며 적대시하는 일이 자꾸 벌어졌다. 일례로 걸그룹 레드벨벳의 아이린이라는 멤버가 이 책을 읽었다고 하자, 팬들이 사진을 찢고 '굿즈'를 불태우는 등 광란이라고 말해도 지나치지 않을 일들을 벌였다.

이 사건을 진지하게 받아들이려 해도 자꾸만 움베르토 에코 식의 의심이 드는 것을 피할 수가 없다. 그 소동을 벌인 남성들은 과연 『82년생 김지영』을 읽었을까? 『장미의 이름』만큼 난해한 소설은 아니니, 읽고 나니 페미니스트가 쉽게 될 것 같아 보이던가?

나는 또 왜 읽지 않은 채로 작성되던 수많은 금서목록과, 읽지 않고 작성된 것이 틀림없는 청소년 권장도서 목록의 『소녀경』이 떠오를까. 논쟁을 하더라도, 소동을 벌이더라도, 그 출발지점은 좀 깊이 있었으면 좋겠다. 김지영이 누구인지도 모르는 채로 "김지영을 읽다니 실망이야"라는 이상한 말을 해도 상관없는 나라라는 게 정말 안타깝다.

요즘 시대에 페미도 아니면 뭐해?

이와 유사한 블랙코미디가 생각난다. 1990년대 초반 군대에서 있었던 일이다. 『나는 파리의 택시운전사』를 사물함에 지니고 있던 사병이 제대를 얼마 앞두고 불온서적 소지죄로 영창을 갈 뻔한 일이 발생했다. 이때 그 사병을 조사하기 위해 한 헌병이 책을 읽었다. 그런 다음 그 헌병은 『나는 파리의 택시운전사』가 불온서적이 아니라고 했다가 대신 영창엘 갔다. 괘씸죄에 걸렸을 것이다. 불온하다면 불온한 거지 왜 읽고 난리냐며. 〈개그콘서트〉의 소재가 됨직한 슬프고도 우스꽝스러운 일이 아닐 수 없다.

『82년생 김지영』은 금서가 되지는 않았다. 그러나 일부 사람들의 정신세계에서 이 책은 또는 이 책보다 진한 페미니즘 서적들은 자발적인 금서가 되어 있을 것이다. 세상의 속도는 이 자발적 금치문학자禁治文學者들을 내버려두고 신나게 달려갈 것이 틀림없지만, 나는 안타깝다. 절대적으로 말해서 김지영은 소설 속의 오직 유일한 한 사람(허구)이지만, 상대적으로 말해서 김지영은 흔히 찾아볼 수 있는 보통의 여성들을 적당히 반영한 사람이다. 허구도 이해 못하는 사람들이 현실의 여성을 제대로 이해할 수 있을까.

페미니즘 영화를
보러 가자

케이블TV를 보는 시간이 늘어나면 노년층으로 접어드는 걸까 하는 싱거운 생각을 문득 한다. 요즘은 너무 폭력이 난무하면 고돼서 보기 싫어지고, 너무 로맨틱해도 간지러워서 딴데 틀게 되고, 너무 의미심장해도 부담스럽다. 적당한 긴장과 수수께끼가 있는 스토리를 선호하게 되어버린다. 그중 재미있게 보고 재방송되어도 다시 보고 있게 되는 영화들에 종종 'f등급'이라는 표시가 붙은 것을 뒤늦게 발견했다. 페미니즘 주제를 다루었거나 감독이나 주인공이 여성인 영화에 붙인 거란다. 페미니즘을 정의하는 수많은 말들이 있지만, 딱 한마디만 하라면 '낡은 생각을 새롭게 하는 사유의 방식'이라고 하고 싶은데, 영화야말로 그런 정의를 구현하기에 매우 가까운 매체다. 세상을 보는 새롭고 다양한 시선들을 배운다.

최근 한국 영화에 여성감독도, 여성배우의 설 자리도

몹시 좁아져 있다는 염려를 많이 한다. 사실이다. 그런 중에도 여성관객의 호응으로 설자리를 넓혀가는 작은 영화들이 꾸준히 태어나고 있다. 살아보면, 나이 들어보면, 세상은 변하지 않는 것 같아도 변하고 있으며, 변화 쪽에 투자하는 편이 남는 게 많다는 사실을 알게 된다.

좋은 영화를 보는 것은 타인의 삶을 통한 경험이고 성찰이니, 영화를 하나 추천해본다. 〈공동정범〉은 페미니즘 영화의 문법에 충실한 영화다. 제38회 한국영화평론가협회상 독립영화지원상과 부산영화평론가협회상 대상을 받는 등 영화로서의 성가를 인정받았다. 영화평론가들은 이 영화의 새로운 문법에 주목했다. 〈공동정범〉은 용산 참사에서 화재를 낸 공동정범으로 지목되어 옥살이를 하고 나온 다섯 사람을 따라가는 이야기다.

다섯 사람은 제각기 피해자이면서도 서로서로를 원망하고 의심하며 고립되어 있다. 하지만 그들이 겪은 일은 그들 서로가 아니면 나누기 힘든 어둠에 감싸여 있다. 심하다 할 정도로 질기고 가깝게 이들을 따라가며, 두 명의 감독은 다큐의 일반적 문법을 깨고 이들에게 개입까지 한다. 서로를 향한 분노와 오해를 드러내고 한 자리에 모아 말하게 하고 서로를 들여다보게 한다. 몇 년에 걸친 이들의 이야기를 따라가는 시선은, 누가 옳고 누가 그르며 정의는 무엇이고 불의는 또 무언가를 탐구하지 않는다. 상처받고 고립된 마음을 들여다본다. 이러한 시선에 대해 감독 중 한 명인 김일란은 어떤 강좌에서 말한 적이 있다. 망루에 올라간 사람들이 남성들이었으므로, 유가족은 대부분 여성이었다. 따라서 유가족의 행동을 저지하고자 배치된 경찰도 여경이었다. 이 여성 경찰의 손을 매섭게 뿌리치는 같은 여성인 유가족을 보며, 유가족의 심정도 여경의 당혹감도 다 이해가 되더라는 김일란은 전형적인 선악이분법과는 다른 이야기를 한다.

"유가족 여성과 여경의 다툼을 우리는 어떻게 봐야 할까. 말도 없이 망루 투쟁을 하러 간 남편도, (과잉진압으로 비판받았던) 경찰 지휘부도 다 사라지고 유가족 여성과 여경만이 남은 현장이 너무 답답하게 느껴졌다. 투쟁 현장을 좀 다른 시선으로 보고 싶었다."(김일란, 「지금 누가 소외되고 있는지를 본다」, 《노컷뉴스》, 2018년 5월 16일)

누가 소외되고 있는가를 볼 수 있는 이유는 소외된 자리에 있어보았기 때문이다. 페미니즘 영화가 단순히 여성감독과 여성배우가 나오는 영화를 말하는 것이 아님을 〈공동정범〉의 경우에서도 본다. 사랑과 배려로 소외를 이긴 경험, 출연자들을 편견이나 유형화된 시선이 아닌 있는 그대로 바라보고자 하는 마음과, 그들이 스스로를 열어 보일 때까지 기다리는 끈질김, 페미니즘 영화를 보면 누리게 되는 평화다.

　　　　　　　　요즘 시대에 페미도 아니면 뭐해?

캡틴 마블의 피는
원래는 붉었지

주말에 〈캡틴 마블〉을 보러갔다. 마블 영화를 도통 본 적도 없고 슈퍼히어로물에 관심도 흥미도 없는 내가 이 영화의 흥행에 보태주러 가고자 결심한 이유는 이른바 '별점테러' 때문이었다. "페미니즘 영화라서"가 낮은 별점을 주는 이유라니, 얼마나 대단한 영화이기에 이 난리냐라는 호기심이 작동했던 것이다. 주인공 브리 라슨이 개봉 전 이미 "이 영화는 페미니즘 영화다"라고 한 것이 방아쇠였다는 말도 있지만, 수많은 소년들의 사랑을 받은 마블시리즈가 여성 단독주인공을 내세운 것부터가 불만의 요소는 아니었을까. 더구나 도무지 성적 코드라고는 없는 여주인공이!

결론은, 매우 성공적이고 모범적인 페미니즘 영화였다. 영화를 볼 때 알면 더 재미있는 지혜로운 설정을 몇 가지만 나열해보자.

우선 주인공 비어스는 푸른 피를 흘린다. 나중에 왜 지구인인 비어스의 피가 붉지 않았는지 이유가 나온다. 외계종족인 교관 욘-로그가 자신의 피를 주입하여 비어스를 살려냈기 때문이다. 이 설정은, 여성이 원래 생명인 붉은 피 대신 남성의 사고방식과 삶의 형식을 주입받아 산다는 것의 유비로 충분하다. 게다가 비어스는 깊이 잠긴 무의식의 어떤 기억만을 뽑고 거기 숨은 힘은 억제하려는 고관의 끊임없는 가스라이팅Gaslighting(반복적인 정신적 압력을 통해 여성을 무기력하게 만드는 일)을 당한다. 이는 역설적으로 분노가 여성의 힘이고, 감정이 여성의 권력이라는 것을 일깨운다. 연민과 사랑과 연대의 감정이 불러일으키는 불의에 대한 분노. 외계종족 크리족이 바라는 것은 전쟁무기로 쓸 지식이지만, 그 지식은 비어스의 내면에서 생명을 살려야 한다는 목적과 결코 분리되지 않는다.

또 있다. 여성 영웅도 남성 영웅과 마찬가지로 불우한 어린 시절을 보내지만, 그 어린 시절은 역경 그 자체보다는 "여자라서 안 돼"라는 편견을 극복하고 혼자 힘으로 일어서는 데 바쳐져 있다. 그리고 비어스가 본래 이름을 되찾아 댄버스로 거듭나는 순간 역시 남성인 주드 로에게 "나는 나를 증명할 필요가 없어"라고 말하는 장면이다. 비어스는 불타는 태양처럼 뜨거운 불광선을 쏘아 적을 제압하지만, 진짜 비어스의 힘은 자기자신의 힘을 인식하는 데서 나온다.

메갈리아 이후 다시 사회변혁의 중심에 서기 시작한 한국의 페미니즘은 이제 새로운 여성상의 출현을 기대하고 있다. 캡틴 마블은 그 한 모델로서 손색이 없다. 강하고 의존하지 않으며 자기 안의 진정한 힘을 깨닫고 스스로 일어서는 여성. 내재된 힘을 끊임없이 억압하는 문화적 세뇌를 이겨내고 다양한 약자들 심지어 고양이하고도 연대협력할 줄 아는 여성. 덧붙여, 캐럴 댄버스의 두 주먹에서 발사되는 불기둥을 나는 장자연 사건과 버닝썬 사건까지 이어지는 오랜 성착취 악습을 겨냥하는 깨어남이라고 읽고 싶었다.

세상의 변화를 가장 느리게 깨닫는 것은 언제나 기득권 언저리의 사람들이다. 〈캡틴 마블〉을 단순히 재미있고 호쾌한 오락영화로 읽어내든가 또는 재수 없이 예외적인 '쎈 언니' 이야기로만 읽어버릴 때 이제는 남성들이 제공한 이미지에 갇히지 않는 여성들이 몰려오고 있다는 것을 놓치게 된다. 〈캡틴 마블〉은, 지배하고 점령하려는 욕망에 불타는 크리족을 제외한 모든 우주의 평화공존이야말로 새로운 세계의 모습이라는 것을 여성영웅 한 사람에게 잘 버무려넣은 맛있는 영화다. 영화 말고 현실의 크리족을 동경하는 분들, 줄 바꿔 서자.

장자연을 '열사'라 부를 수 있을까?

도발적인 이야기를 좀 해보고 싶다. 김복동 할머니가 세상을 뜨셨을 때 어떤 분이 "김복동을 선생님이라 부르면 안 될까?"라는 말을 툭 던졌다. 존경할 궤적을 남긴 어른을 부르는 이름이 선생님이다. 김구 선생님, 김대중 선생님, 백기완 선생님, 그밖에도 우리가 누구를 선생님이라 부를 때의 그 각별한 느낌이라는 게 있다. 그러니 '할머니'가 아니라 '선생님'이라 불러보자. 확 퍼졌다. '할머니'라는 호칭이 정답고 좋지 않은가라는 의견도 있었지만, '선생님'이라 부르려는 뜻에는 '소녀'에서 '할머니'로 건너뛰며 사라져버린 인간 김복동의 투쟁의 역사와 그가 회복하고 싶었던 가치들에 대한 존경이 담겨 있음을 다들 절로 이해했기 때문이다.

이렇게 호칭 하나가 바뀌어도 그의 의미가 분명해지고 선명해지는 경험에 또 하나를 보태고 싶다. 다시 도

요즘 시대에 페미도 아니면 뭐해?

발적인 제안을 해보자. 고故 장자연을 '열사'라 부르면 안
될까?

세상의 부조리와 악행을 고발하며 목숨을 던진, 또는
목숨을 잃은 사람들이 많다. 그들의 죽음을 이어받아 세
상을 바꿀 일을 시작하면서 우리는 의지를 다지고 의미
를 분명히 하고자 그들을 열사라 부른다. 수많은 민주열
사가 있었고 수많은 노동열사가 있었다. 장자연은 그렇
다면 어떤 죽은 자일까. 그는 연예인 여성들이 당하고 있
는 고통스러운 성폭력 현실을 드러냈고, 우리 사회의 소
위 지배 커넥션이 돈과 성을 매개로 어떤 더러운 담합을
하고 있는지를 드러냈고, 그것을 백일하에 제대로 드
러내 처벌하고 해결하는 일이 얼마나 어려운가 또한 역
설적으로 드러냈다. 어쩌면 장자연은 이제 막 성장하기
시작한 자신의 경력 전부를 거는 자살 아니고는 이 문제
를 제대로 알려낼 수 없다고 생각했을지도 모른다.

고 장자연을 다룬 기사에 늘 따라다니는 흔한 댓글이
있다. "여성단체와 시민단체는 뭐하고 있길래 아직도…"
많은 정보를 담고 있는 상투적인 발언이다. 장자연 사건
이 품은 의미는 이런 태도 앞에서 축소된다. 한 여배우가
죽음으로 고발한 성폭력 권하는 사회의 책임은 남성인
나와는 무관하고, 그 일은 여성들만이 관심 가질 일이어
야 한다. 관심을 안 가지는 여성들은 비난당해 마땅하며

남성인 나는 여성단체 등을 비난함으로써 내 할 일은 다한 것이다. 겹치고 겹치는 책임회피와 무관심에다 가끔 가다가 저런 댓글을 다는 일로 면피까지 한다. 그런데 그 사람에게 장자연은 누구일까?

장자연 사건을 아직도 '성상납'이라 부르는 사람들을 본다. 정확히 하자. 장자연은 고 김복동을 비롯한 위안부 피해자들과 마찬가지로, 성폭력 피해를 고발한 여성이지 상납당하거나 소비되는 상품이 아니었다. 죽음을 이기고 죽음보다 더한 세상의 눈길을 이기고 위안부 피해사실을 고발한 분들이 앞섰다. 고 장자연이 자신이 당한 일들을 기록하여 고발하고 그 고발의 진실을 목숨으로 증거함으로써 뒤섰다. 그리고 여성단체는 장자연의 일을 말하고 따지고 파헤치고 고발하는 일을 10년 가까이 하고 있다. 그런데도 아직도 저런 댓글을 다는 사람들이 부끄럼도 없이 살고 있다면, 장자연의 목숨을 걸고 한 고발이 세상에 남긴 건 뭘까. 의미를 강화하자. 열사라 부르자.

김용균 열사의 죽음이 수많은 위험한 현장의 노동자들에게 그러했듯, 장자연의 죽음도 그를 단순한 피해자에서 죽음을 무릅쓴 고발자로 바꾸었다. 열사라는 이름을 얻기에 충분하지 않은가.

할아버지와 양성평등, 아니 성평등

여성가족부가 잘못했다

벌써 삼십여 년 전에 돌아가신 할아버지와 할머니가 혼인한 지 60년쯤 되었을 무렵 이야기다. 나이 들어가면서 할아버지는 점점 더 완고해지셔서, 젊은 사람만 보면 꿇어앉혀놓고 일장설교를 하시곤 했다. 집에 놀러오는 사람들은 누구라 할 것 없이 다 한두 시간 정도는 할아버지 방에서 끝없이 되풀이되는 "내가 젊었을 때는"과 "요즘 젊은 것들은"을 들어야 했다.

그러자 어느 날부터, 할머니가 나서기 시작했다. 할아버지가 누구를 조금 괴롭힌다 싶으면 버럭 소리를 지르면서 "맨날 하는 소리 뭐가 좋다고 아아들을 붙잡고 있어요오!!" 하시며 해방시켜주는 것이다. 할머니의 할아버지 두들겨잡기는 점점 분야도 다양해져서, 반찬투정을 하시면 "직접 해잡숫소 마!" 한다든가 하여간 다양하게 할아버지를 구박하셨다. 맨날 할아버지한테 당하고 사는 내가 봐도 불쌍할 지경이었다.

보다 못한 고모가 아버지에게 할머니를 말려달라고 부탁하는 일이 생겼다.

"오빠요, 아부지 불쌍하지도 않소? 어무이가 오빠 말은 들으니까 좀 뭐라 하이소."

이때 아버지가 고모에게 했던 말은 두고두고 집안에 회자된다.

"만다꼬? 아부지가 60년 동안 어무이를 왈기고(윽박지르고) 살았는데, 말년에 어무이가 좀 그러는 거가 뭐 어때서. 십 년을 가겠나 이십 년을 가겠나. 그나마 공평한 거지. 아부지만 큰소리치고 살라는 법이 있나."

다소 이상한 셈법이기도 하고 약간 함무라비 법전 같은 낙후의 감은 있지만, 공평을 정의하는 아버지의 이야기는 몹시 신선했다. 할아버지를 가엾다고 여기는 고모는 할머니가 할아버지의 큰소리에 눌려지낼 땐 가엾다는 생각을 안 했을 것이다. 물론 아버지가 한 이야기는 반드시 가정 내 정의를 바로세우기 위해 공평이나 공정이 구현되어야 한다는 거창한 의미는 아니었고 다만 과거지사를 생각하라는 것이었을 뿐이다. 할머니는 맏아들이 자신의 심정을 알아준다는 데 만족해서 다시 온화하고 명민한 본래의 모습으로 돌아갔고, 시어머니다운 심술도 현저히 줄어들었다. 그렇다고 할아버지가 이전처럼 계속 버럭질을 하셨냐 하면 그렇지는 않다. 확실히 변화가 있었다. 최소한 할아버지에게 역지사지의 능력은 있었던 것이다.

이 사건이 가장 많이 변화시킨 건 오히려 나였다. 어떤 일을 눈앞에 펼쳐지는 정황만이 아니라 전후의 사연과 맥락을 다 고려해서 바라보면 억울하거나 피해를 입는 사람이 전혀 달라질 수도 있다. 고모는 기계적인 중립의 입장에서 바로 그 순간 벌어지는 일에만 관심을 가졌고, 아버지는 시간 흐름 속에서 사태를 바라보아야 한다고 충고를 한 셈이다.

이 일이 뜬금없이 기억난 것은 여성가족부가 만든 동영상 캠페인 때문이다. 불법촬영 근절 캠페인을 벌이면서 여성이 남성을 불법촬영한 동영상을 유포하는 것으로 설정한 광고를 내보낸 일이다. 큰 물의를 빚을 수밖에 없는 설정이었는데 왜 걸러지지 않았을까. 광고를 진행한 해당 공무원의 머릿속에 든 생각을 알 수는 없지만, "여성도 가해자일 수 있다"라는 가정은 전혀 현실적이지 않다. "양성평등 시대인데 남자만 가해자라고 하면 안 될 것 같아. 서로 잘해야지"라는 정말 얄팍한 중립의 사고가 아닐 수 없다.

왜 이런 일이 벌어졌을까. 결국은 젠더평등에 대한 여성가족부의 혼란된 인식이 문제다. 이런 일은 여성가족부가 일부의 항의와 압력에 못 이겨 성평등이라는 용어를 양성평등으로 바꿀 때부터 다소 예견된 일이었다. 모든 용어엔 역사성이 있다. '양성이 평등하다'라는 얼핏 보기에 아무 문제 없어 보이는 이 말은 역사적 맥락을 더 들어가보면 부부유별을 외치던 과거의 사고에 걸터앉아 있다.

남성은 남성답게, 여성은 여성답게 행동하면 아무 문제없고 거기에 질서를 어지럽히는 동성애자 같은 존재는 배제하면 된다는 사고가 깊이 배여 있기 때문에, 글자 하나 빼는 것에 불과해 보이는 성평등으로의 변경을 반대자들은 그토록 강경히 반대했던 것이다. 더 나아가 "양성평등의 함정은 마치 남자와 여자로 인간을 이분하는 게 자연스러운 일인 것처럼 호도하는 데서 온다. 그래서 양쪽 다 자기 성별답게 자기 자리에서 잘 살고 서로에게 가해자가 되지 맙시다!란 프레임이 되어버린다."(홍혜은)

하지만 양성이 평등한 것에 아무런 고통이 없었다면 우리 할머니는 나이 들어 왜 그렇게 할아버지의 행동에 분노를 드러내셨을까. 여성가족부가 세불리하여 용어에서 밀렸다 하더라도 의식까지 퇴보하면 곤란하다. 여성가족부뿐 아니라 정부부처의 언어사용을 전반적으로 점검해보아야 한다고 본다.

3부

•

다시 정치를 생각한다

박근혜가 드러낸 어떤 상처는 보이지 않는다 | 여성정치인, 돌격대가 되지 말라 | 도둑맞은 페미니즘 | 마가렛 대처는 여성정치인일까? | 정상국가 북한과 비정상가족 〈마담B〉 | 축구하는 남자아이와 청소하는 여자아이 그리고 정치적 중립의무 위반 | 여적여? | 8만3000명의 신지예들 | 빵과 장미 | 다시 빵과 장미를 생각하며 | 동성애 반대의 정치적 이유 | 사랑하니까 반대합니다 | 언제나 5월은 또다시 시작된다 | '펜스Pence'가 아니라 '펜스fence'였다 | 선거법이 성평등해질 때 일어날 일들 | 메르켈, 남자도 총리가 될 수 있나요? | 은폐하려는 자들과 기억하려는 자들

박근혜가 드러낸
어떤 상처는 보이지 않는다

페미니즘은 가부장제 아래 남성의 눈으로 바라보던 세계를 여성의 눈으로 다시 보는 일이라고 말할 수 있다. 바로 그 때문에 페미니즘은 변혁운동이고 정치운동이기도 하다.

난처한 이야기를 해야겠다. 한국 사회에서 페미니즘과 정치를 이야기하면서 박근혜를 빼놓을 수 없다는 이야기. 당연히 박근혜는 페미니스트가 아니다. 그러나 페미니즘이라는 정치운동이 길을 찾아가려면 박근혜 현상에 대한 성찰과 반성을 빠뜨릴 수가 없다.

박근혜를 둘러싼 쟁점은 박근혜가 여성정치의 성장을 보여주는 표상인가 라는 점과, 대통령 또는 공적 인물 박근혜가 사적 개인으로서 지니고 있는 여성성—생물학적이든 문화적이든—에 정치실패의 책임을 지울 수 있을까라는 점이다. 첫번째는 아니라고 결론이 났지만, 두번째는 분명 진행중이다.

'여성대통령이 나올 때'가 된 그때

많은 이들이 온통 정권교체라는 화두에 매달렸던 2012년 대선은 유력 대통령 후보 세 사람 중 두 명이 여성인 채로 치뤄졌다. 사람들의 마음속에서는 여성대통령이 등장할 준비가 착착 진행되었던 것이다. 많은 여성들이 단지 여자라는 이유만으로 박근혜를 지지할 준비가 되어 있었다. '여성대통령'이라는 말은, 이전과는 다른 새로운 정치가 가능하다는 기대감을 불러일으키는 면이 확실히 있다.

그러나 페미니즘은 진보를 통과하여 진보 이후에 오는 정치사상이다. 박근혜는 대통령이 되는 것이 가능해 보인 최초의 여성이어서 여성들의 지지를 받았을 뿐, 이는 여성정치의 발전과는 거리가 멀었다. 정치에서 당선가능성이란 다른 모든 단점을 덮고도 남을 미덕이지만, 박근혜의 당선가능성은 여성이어서가 아니라 진짜로 '박정희의 딸'이어서 높았다. 바로 이 점 때문에, '여성정치인 박근혜'라는 화두는 충분히 탐구되지 못했다.

'여성이 이긴다'라는 말은 단순하지 않다. 여성이라는 이름이 흔히 생각하는 페미니즘의 층위에서가 아니라 일반 정치에서 다루어질 때, 페미니즘의 가장 중요한 조건 하나를 빠뜨리기 쉽다. 페미니즘은 소수자의 위치에 선 낱낱의 여자사람, 더 나아가 낱낱의 사람을 위한 것이라는 조건이다. 따라서 여성정치인에 대한 요구는 몸이 여성인 정치인이 아니라 소수자와 약자의 편에 선 정치인이어야 한다는 요구이다. '그냥 여성인' 정치가가 이겨서 그로 인해 발생한 권력은 실제로 여성에게 유익할까? 세계적으로 살펴보아도, 보수우파의 여성정치인이 특별히 여성에게 더 도움이 되는 정책을 펼쳤다는 근거는 없다. 여성문제는 남성 중심 사회의 하위의제일 뿐으로, 보수 정치의 입장에서는 더 많이 그렇다. 페미니스트 정치인이 이겨야 여성의 위상에 변화가 온다. 그렇기에 여성정치인들은 당선을 위해 달리는 도중엔 자신의 여성적 정체성을 페미니스트적으로 이야기한다. 박근혜의 '여성성'을 성찰할 기회를 놓쳐버림으로써 여성들만이 아니라 남성들도, 나아가 사회 전체가 놓쳐버린 것이 많다.

도둑맞은 페미니즘은 여성혐오로 돌아오고

18대 대선에서 박근혜의 구호가 "준비된 여성대통령"이었다는 것을 기억하실까. 그가 '국가와 결혼한 몸'으로 자신의 여성성을 모성화하고 여성으로서의 동질감을 강조하는 선거전략을 쓸 때, 주로 노령층에 속하긴 하지만 많은 여성들이 환호할 때, 이 예외적 여성이 불러올 재앙을 상상한 사람은 많지 않을 것이다. 심지어 김무성이 "여성대통령은 국민들로부터 혐오의 대상이 되고 있는 우리 정치의 최고의 쇄신이고, 남성 중심의 기존 체제에 새로운 변화와 바람을 몰고올 사회적 혁명이다"라고 말할 때는 경악스럽기까지 했다. 이는 페미니즘의 언어이며, 진보의 언어다. 박근혜는 페미니즘을 도용하여 이미지 세탁을 했다. 박근혜는 결코 페미니스트가 아니고, 따라서 "사회적 혁명"으로서의 여성정치인도 될 수 없었다. 왜 아닌가라는 이야기를 새삼스레 할 필요도 없다. 이미 증명되었으니까.

그런데 여성이란, 구체적으로 이성애자 남성의 성적 욕망의 대상이 될 수 있는 몸을 지니고 가부장제 사회 성별분업의 아랫단에 있는 존재라는 점에서, 아무도 이 경쟁중시 사회에서 되고 싶지 않은 위치이다. 이겼던 여성이 지는 여성이 될 때 일어나는 일들을 보면 알 수 있다. 그것이 박근혜라도 그렇다.

박근혜를 대통령 자리에서 탄핵하자고 결의한 순간, 그가 여성이 아니었다면 있을 수 없는 성적 조롱과 욕설이 밀어닥쳤다. 이것이 얼마나 문제 많고 잘못된 일인가를 이야기하는 여성들의 목소리도 함께 조롱당하기 일쑤였다. 탄핵촉구 촛불이 타오르는 동안, 박근혜를 어떻게 비난할 것인가가 나에겐 무척 난감한 문제였다. 화는 나

요즘 시대에 페미도 아니면 뭐해?

는데, 욕 좀 하고 싶은데, 남성을 향한 욕설과 달리 여성을 향한 욕설 중에 성적인 멸시와 비하를 품지 않은 욕이 드물었다. 그리고 그 욕설 중에 여성 전체를 싸잡아 멸시하지 않는 욕도 드물었다. 박근혜를 욕하는데 자기 기분이 더러워지는 아이러니를 상당수 여성들이 경험했다.

박근혜는 대통령직을 수행하면서 정치인의 신체가 여성이라는 것이 여성을 위한 정치를 하는 것이 아님은 물론이고, 더 나은 정치를 하는 보증 또한 아님을 온몸으로 증명했다. 그러나 동시에, 탄핵 국면에서 쏟아져 나온 여러 가지 놀라운 사실들은 소위 '여성성'이 공적 영역에서 자칫 조롱거리로 전락하기 쉽다는 것을 보여주었다. 박근혜가 여성이라서 탄핵된 것이 아닌데도, "여성대통령은 앞으로도 오랫동안 어렵다"는 식의 도매금 거부를 당해야 했다. 사회적 지위가 높든 낮든 여성은 저 혼자 개인이 될 수가 없고 언제나 모든 여성을 대표하게 된다.

함께 든 촛불인데

박근혜는 단순한 사건이 아니었다. 거의 조선후기 세도정치 시대부터 일제강점기와 군사독재를 거쳐 천민화된 자본주의 시대에 이르기까지를 관통하는, 한번도 달라진 일 없던 남성지배문화가 박근혜에게는 왜 고개를 숙였나. 그러면서도 어떻게 성형이니 옷값이니 거울방이니 심지어 "더러운 잠"이니 "미스박"이니 하는 조롱을 당할 수 있었나. 어떤 남성학자는 박근혜를 "더러운 음부"에 비유하는 칼럼을 버젓이 쓰고도 무엇이 문제인지 모르고 있기도 했다.

이 글 한편으로 그 많은 이야기를 다 할 수는 없겠다. 그렇더라도, 분명히 함께 촛불을 들었는데, 여성 장관 수는 조금 늘었을지 몰라도 박근혜가 대통령이 될 수 있었던 체제 자체가 균열한 것 같지는 않고, 그 속에서 여성이 받는 상처와 분노에 대해서는 여전히 몰라도 되는 것 같다. 앞으로도 오래오래 해야 할 이야기다. 다만 이제 여성이 입을 열어 말하기 시작했으므로, 곧 세상에 이 말이 들릴 것이다.

요즘 시대에 페미도 아니면 뭐해?

여성정치인,
돌격대가 되지 말라

이따금 막장드라마를 정치판에서 열연하시는 분들 중에 특히 여성정치인이 두드러지는 이유가 뭘까. 늘 그것이 궁금하고 안타깝다.

성할당제를 선거에 도입한 첫번째 이유는 여성의 사회적 지위를 대등하게 가져가자는 것이었다. 한두 명의 대표를 보낸다고 소수자들의 권익이 보호될 리 없다. 그래서 성할당제는 일단 남녀 두 성 중 어느 한 성도 40% 이하가 되지 않게 하자는 것이 목표다. 수가 그 정도 되면 많은 것이 달라진다.

우리는 지금 '학생'이라고 말할 때 남학생만을 떠올리지 않는다. 성별을 특정해야 한다면 오히려 남학생 여학생이라고 한다. '간호사'라고 할 때 여성을 떠올리거나, '군인'이라고 할 때 남성을 떠올리는 것과 비교해보면 수가 늘어난다는 것이 지닌 효과를 알 수 있다. 특정한 직업에 종사하는 여성의 수가 늘어날수록 그 직업을 가진 여성의 처우도 개선된다는 것은 이미 알려져 있다.

하지만 불행하게도 할당제가 아직 미미한 현재, 그 얼마 안 되는 자리를 차지하고 들어가는 여성들이 모두 페미니즘을 숙지하거나 스스로 여성대표성을 지녔음을 늘 명심한다고 볼 수는 없다. 오히려, 남성중심사회에서 살아남는 기술을 익혀 그 기술을 적극적으로 발휘하는 여성들이기 쉽다. 그때 그 여성은 남성위계사회의 윗단일까 아랫단일까.

할당제의 혜택을 입어 외적으로는 지도적 위치에 가더라도, 내적인 심리는 여전히 남성지도부의 선택을 받아야 하는 존재일 때, 과잉행동과 두드러져 보이고자 하는 난폭함이 그의 행동방식이 되기란 쉽다. 악착같아야 남자들 틈에서 살아남는다, 어디서 많이 듣던 소리 아닌가. 여장부란 말이 가리키는 여성 이미지를 생각해보자.

팜므파탈 아니면 여장부.

다행히 여장부가 되기까지, 그가 아니 그녀가 충분히 여성대표성을 인지하지 못할 때 기동타격대 또는 돌격졸개 같은 모습을 보이는 것이 반드시 그녀의 인성 탓이기만 하랴.

물론 여성에 대한 스테레오타입의 역할이 그대로 통용되는 한, 할당제를 하는 것은 그다지 효과 없을 수도 있

요즘 시대에 페미도 아니면 뭐해?

다. 한 10년간은, 심지어 20년도 더 그럴 수도 있다. 하지만 남성 지도부에 잘 보이거나, 남성중심적으로 짜여진 지지세력에 잘 보이지 않고 여성 정체성을 그대로 지니고도 성공하는 여성들이 등장하기 시작하면 사태는 달라진다.

생물학적 성이 '여성정치'에 결정적인 근거가 되지 못한다는 증거가 바로 저 여성들의 사례다. 여성주의적인 정치사상, 다른 말로 페미니즘 정치사상이 민주주의를 진일보시키는 데 핵심적인 가치임을 이해하는 정치인이라면 그가 여성이든 남성이든 트랜스성이든 무슨 상관이랴. 다만 이런 폭넓은 판단이 받아들여지기 위해서 생물학적 여성정치인의 수가 획기적으로 늘어나는 것은 매우 중요하다. 양질전환의 법칙은 정치에도 유효하다. 여성할당제가 일상이 될 때 다양한 소수자에 대한 할당도 좀 더 수월해진다.

그런 뜻에서, 적어도 비례대표 여성의원을 공천할 때는 전문가대표성 못지않게 여성대표성을 고려해야 하고, 여성을 기동타격대로 쓰려는 유혹에서 각 당 지도부는 벗어나야 한다. 당사자 여성정치인 역시, 스포트라이트를 받는 것이 과연 자신의 정치적 이미지에 어떻게 작용할까를 계산하는 예민함이 아쉽다. 선거법이 어떻게 바뀌더라도, 유권자의 의사를 보다 가까이 반영하는 비례성의 법칙이 생물학적 구분을 넘어 성차별을 극복하는 쪽으로 적용되어야 한다는 사실을 강조한다. 정치는 좌우지간 약자를 위해서 하는 거다. 그 점을 무엇보다 정치를 하고자 하는 여성 자신이 가장 유념하면 좋겠다.

도둑맞은 페미니즘

남북간의 관계가 부푼 기대만큼 진전이 없어서 안타깝다. 역사적인 세번째 남북정상회담이 코앞으로 다가왔을 때는 희망이 애드벌룬 같았다. 종전과 평화협정이라는 어휘가 뉴스로 소개되고, 통일이 곧 올 듯, 국민소득이 어마어마하게 높아질 듯, 거대한 뻘소리들이 사람들의 얼굴에 웃는 입을 그려놓기도 했건만. 평화와 전쟁의 문제를 생각할 때면 2003년 노무현 대통령이 파병을 결정했을 때 머리를 평화를 상징하는 초록색으로 물들이고 길거리 무대에서 파병을 반대하는 연설을 했던 기억이 떠오른다. 전쟁은 여성의 얼굴을 하지 않았고 평화가 페미니즘이라고.

그런데 잊어서는 안되고 복기를 제대로 해야 할 일들이 많이 남아 있음을 갑자기 깨닫는 일이 생겼다. 니나 파워라는 힘센 이름을 지닌 여성철학자가 쓴 『도둑맞은 페미니즘』이라는 책을 읽으면서다.

그는 페미니즘이 두 방향에서 도둑맞고 있다고 주장한다. 한 방향은 정치다. 미국의 군국주의 매파들이 아프간을 침략하기 위해 내놓았던 담론을 소개하면서, 페미니즘이 어떻게 전쟁광들에게 오용되었는지를 실감나게 소개한다. 전쟁에 찬성하는 페미니스트라니, 정말 끔찍하지 않은가. 또 한 방향은 경제(자본주의)다. 노동의 여성화. 여성의 소비자화 등을 가능하게 하는 도구로 페미니즘이 어떻게 남용되는지를 실감나게 쓰고 있다.

이 책의 제목에도 약간 사연이 있다. 앞에서 박근혜에 대해 쓰면서 가장 반여성적인 정치인을 페미니즘의 언어로 포장을 해서 선거전을 치르고 그의 여성성을 새로운 정치의 표상으로 한껏 치켜세웠던 일, 막상 탄핵에 이르자 이번에는 그의 여성 성별 자체가 조롱의 대상이 된 일 등 일련의 모든 행태를 도둑맞은 페미니즘이라는 말로 요약을 했었다. 니나 파워의 책 원 제목은 "일차원적 여성One-Dimensional Woman"이다. 신자유주의 이데올로기에 포섭된 노동시장의 여성이 동시에 소비자 자본주의의 만들어진 주인님이 되고 있는 현실을 직설적으로 담은 제목이다. 페미니즘 언어가 어떤 식으로 제국주의적 침략을 정당화하고 자본주의의 착취를 옹호하게 되었는가.

니나 파워는 아프간에 대한 군사적 개입을 정당화하기

위해 군국주의 매파들이 했던 일을 이렇게 소개하고 있다. 아들 부시 대통령의 부인 로라 부시가 라디오에 나와서 말한다. "오로지 테러리스트와 탈레반만이 매니큐어를 발랐다는 이유로 여성의 손톱을 뽑겠다고 협박한다." 이렇게 해서 상당수의 페미니스트들이 전세계에서 탈레반에 맞서 아프간 여성을 해방해야 한다는 대의에 동조하며 아프간 침략을 정당화하게 되었다.

그런데, 이런 일이 우리나라에서도 일어났다. 김대중 대통령이 아프간에 파병을 해야 하는가를 놓고, 페미니스트들 사이에서 논쟁이 발생한 것이다. 아프간 여성의 인권을 지키기 위해 미국 남성이 개입해야 한다는 주장이 얼마나 이상한지. 그러나 당시 나는 이 문제에 대해 명료한 반대논리를 구성하지는 못했고 그래서 약소국의 경우 외세의 개입은 여성에게는 악몽을 다른 악몽으로 대체하는 것이라는 논리로 반대했다. 이때 미국의 침공과 우리나라의 파병을 지지했던 여성들 중 일부가 나중에 박근혜 지지자로 등장했던 것도 떠오른다.

페미니즘을 정치가 오용할 때 벌어지는 일을 파워는 아주 간결하고도 강렬하게 이렇게 요약한다. "권력의 상층부에 도달한 '예외적인 여성들'과 소수자들이 그 자리에 그저 포함된 것이 아니라 때때로 그 자리의 가장 나쁜 양상을 대표하게 됐다는 것은 사실이다."

여성 정당대표와 여성 국회의원과 여성 구청장이 '예외적으로' 약진하는 동안 비정규직의 상당수를 나이든 여성들이 메우며, 성매매로 내몰리게 되는 여성의 수가 점점 늘어나고 있는 이 현실을 이해하는 데 실마리를 주는 좋은 책이다, 일독을 권한다.

마가렛 대처는
여성정치인일까?

'그녀'는 '여성정치인'인가? 이런 질문을 세계적으로 가장 먼저 받은 것은 마가렛 대처가 아닐까? 예전의 박근혜를 비롯한 우리나라 여성정치인들에게 대처는 일종의 멘토가 아니었을까 싶다. 그러니 페미니스트의 마음으로 질문해보자. 대처는 여성정치인인가?

박근혜의 경우와는 달리, 아니 박근혜의 경우에도, 이 질문에 답하기가 생각만큼 쉽지 않다는 것이 내가 질문하는 이유다. 대처는 영국을 구한 인물로 평가받고 있으며, 대처리즘이라는 정치사상을 만들어낼 만큼 강력했던 신념의 정치인이기도 했다. 그런데 이런 평가와는 별개로, 대처에 대한 책들은 대체로 "여성으로서의 한계를 뛰어넘어…"로 시작하여 "가장 위대한 여성정치인"이라고 마무리를 한다. 심지어 위키백과에서는 이렇게 쓰고 있다. "유럽에서 혈통이나 재산, 결혼의 도움을 받지 않고 강대국의 지도자가 된 역사상 최초의 여성 정치인." 유럽을 세계로 바꾸어도 별 상관없어 보인다.

이때 '여성'이란 두 어휘는 글자는 같은데 내포하는 의미는 전혀 다르다. 앞의 '여성'은 이른바 여성 젠더, 사회가 '여성신체를 지닌 인간에게 부여하는 특성의 집합체'이고 뒤의 여성은 여성신체를 지닌 존재 그 자체를 말한다. 이 둘을 섞어서 사용하긴 하지만 실제로는 병원에 갔을 때와 성폭력을 당할 때를 제외하고는 신체가 여성인 경우를 사회가 호명하는 일은 많지 않다. 대체로 사회 안에서 '여성'이 맡은 역할이, '여성이라는 몸' 안에 갇힌 인간을 규정하고서 심지어 괴롭히기까지 하는 것이다.

대처가 죽었을 때 런던에서는 심지어 축하집회가 열리기도 했다고 한다. 동방예의지국 사람으로서 약간 거북하긴 하지만, 내가 영국의 노동자였다면 아마 나라도 춤을 추었을 것 같다. 특히 여성노동자였다면 불꽃놀이라도 하고 싶었을 것 같다.

대처는 노동조합을 탄압했고 수많은 국영기업들을 민영화하였으며 많은 노동자들의 삶을 불안하게 만들었다. 국가를 부강하게 하기 위해서라는데, 노동과 여성의 입장에서 국가가 친절했던 적은 있었던가? 대처가 영국병을 치료했다고들 칭송하지만, 신자유주의로 불리는 인간공격형 자본주의를 퍼뜨림으로써 또 다른 영국병, 아니

'세계병'을 만들어내었다. 대처는 학교에서 우유를 주는 것을 중단시켜 아이들에게서 우유를 강탈했고, 가난한 사람들의 임대주택을 빼앗았다. 존엄한 인간이 다른 인간에게 다시 무릎을 꿇고 굴종하게 만들었다. 신분귀족이 아닌, 자본을 지닌 신흥귀족이 지배하는 새로운 노예제 사회로 나아갈 길을 열었다. 영국의 통계지표가 나아지는 동안 혹독하게 고통을 당한 개개인을 보고 싶다면, 기마경찰들에게 쫓기는 영화 〈빌리 엘리어트〉의 광부들을 보라.

이 문제를 명료하게 하기 위하여, '여성적 원리를 실천하는 여성'이라는 뜻으로 여성정치인 대신 '페미니스트'라 불러보자. 대처는 페미니스트 정치인인가? 이렇게 물으면 답이 아주 수월하다. 대처 자신도 "페미니즘은 독이다"라 말하기도 했다고 한다. 대처는 페미니즘을 약자들의 정치사상이라 여겼다. 경쟁에서 승리하고 힘의 우위를 점하는 것이 대처가 생각하는 강자였으며, 이 강자는 페미니즘 사상과 조화를 이루기 매우 어렵다. 결국 대처는, 가부장제 사회의 무서운 아버지가 실패한 자리에 회초리를 들고 달려든 무서운 어머니다. 가부장제의 완성자인 대처를 우리가 '여성'정치인이라 부를 수 있을까?

정상국가 북한과
비정상가족 〈마담B〉

한치 앞을 내다볼 수 없는 남북관계지만, 시야를 조금 넓고 길게 보면 평화가 한결 가까이 있는 것은 분명하다. 평화공존시대가 열릴 수 있다는 가능성만으로도 온갖 아픈 데가 한결 덜 아파온다. 최근 주취자를 구조하다 폭행당해 사망한 여성구급대원의 실제 사망원인이 지독한 성적 폭언이 준 스트레스로 뇌세포가 손상되었기 때문이라는 보도가 나왔다. 한 인간이 뿜어내는 악의 언어가 다른 한 인간을 파괴시킬 만큼 강력하다. 하물며!! 우리는 이렇게 악하고 독한 언어의 세례를 전쟁 후부터만 따져도 무려 65년 넘게 뒤집어쓰며 살고 있다. 그러니 어찌 아프지 않겠으며, 조그만 평화의 가능성만으로도 아픈 몸이 낫지 않을 수 있으랴.

하지만 이런 낙관적인 상상은 막상 숫자를 만나면 약간 풀이 죽는다. IPU(국제의원연맹)가 UN과 함께 발표한

'2017 여성정치Women in Politics 2017' 보고서에 따르면, 의회 내 여성 비율에서 북한은 조사대상 193개 나라 가운데 122위, 남한은 116위라고 한다. 선출직 여성 정치인 비율이 반드시 여성인권 수준과 직결된다 할 수는 없으나, 남북한 모두에서 여성은 제2의 성에서 그다지 탈출하지 못했다는 증거로 볼 수는 있을 것 같다.

아닌 게 아니라 지난 2018년의 남북정상회담에서도, 유일한 여성 참석자 강경화 장관을 제외하고는 카메라가 쫓아다닌 곳에 등장한 여성은 김정숙 '여사'와 리설주 '여사', 김여정 '부부장' 같은 가족 내의 여성들이었다. 이 그림은, 보기 좋은 젊은 지도자 부부라는 상을 보여주면서 북한이 '정상국가' 이미지로 탈바꿈하는 데 큰 기여를 했다. 분단극복과 평화를 위해 북한이 이미지 변화를 이루어낼 수 있었다면 정말 좋은 일이며, 합의할 수 있는 낮은 단계부터 합의하면서 평화로 가는 걸음을 출발하는 것은 상식적이다.

그러나 남한 사회의 뿌리 깊은 가부장성이 수많은 인권문제를, 특히 여성인권문제를 야기하고 있음이 분명한데, 국가가부장에서 핵가족가부장의 느낌으로 북한이 변화하는 것을 진일보라고 말하는 데 만족할 수 있을까.

DMZ 영화제에서 만난 다큐 〈마담B〉가 머릿속을 맴돈다. 한 탈북여성이 겪은 기구한 개인사를 추적한 영화다. 주인공 마담B는 북한에 남편과 두 아들이 있다. 그녀는 중국에서 일 년간 돈을 벌어 북한으로 돌아가려고 중국으로 간다. 그러나 일자리를 알선한다던 브로커는 그녀를 중국 남성에게 팔아넘긴다. 다행히 중국 남편과 그 가족은 그녀를 인간적으로 대한다. 그녀는 일단 한국으로 온 다음 북한에 살고 있는 둘째아들을 데리고 나와 중국 남편과 정식으로 국제결혼을 하고 싶어 하나, 막상 둘째아들뿐 아니라 북한의 남편과 큰아들까지 일가족이 모두 마담B를 찾아 탈북을 한다.

원치 않던 북한 남편과 돌아가고 싶은 중국 남편 사이에 마담 B는 끼여 있다. 그녀가 중국 남편을 원하는 이유는 한 가지, 자신을 인간적으로 배려해주었기 때문이다. 국제법과 다양한 정치적 장애가 그녀를 둘러싸고 있다. 참으로 기막힌 상황이 아닌가. 이미 남북한은, 이른바 '정상가족'이 아닌 다양한 가족형태를 경험하는 중이라는 것이 평화 체제로 돌입할 때도 고려되어야 한다고 느끼는 순간이다.

남북의 평화라는 거대담론의 수레바퀴 아래, 수도 없이 다양한 개인들의 삶이 갈려나가게 될지도 모른다. 이런 개개인을 보살피고 보듬어 안는 일을 도대체 어느 부처에서 감당해야 할까. 통일부인가 여성부인가 복지부인가 아니면 국민이자 여성일 뿐인 내가 할 일인가.

축구하는 남자아이와 청소하는 여자아이 그리고 정치적 중립의무 위반

서울시 서초구의 어떤 초등학교에서 있었던 일이다. 서울시 교육청은 성평등 교육을 위한 교사들의 페미니즘 공부모임을 지원하고 있는데, 이 학교에서도 이에 부응하여 21명의 교사가 '방과후 페미니즘 동아리'를 결성해 공부를 하고 있었단다. 이 중 한 교사가 온라인 매체《닷페이스》의 '우리 선생님은 페미니스트'라는 코너에 출연하여 아래와 같은 이야기를 한 것이 사건이 되어버렸다.

왜 학교 운동장엔 여자아이들이 별로 없고 남자아이들이 주로 뛰놀까? 이상하지 않아요? 이런 질문에서 시작하여 페미니즘은 인권문제이고, 또 아이들에게 페미니즘적으로 질문하다보면 공교육의 중요한 목표인 비판적 사고능력이 길러진다는 이야기, 아이들은 가정이나 사회나 미디어에서 여성혐오를 체화하는 데 그게 어떤 의미라고 가르쳐주는 사람이 없다는 이야기, 그대로 사회에 나가면 차별을 하거나 당하는 사람으로 자랄 거라는 이야기.

이십여 년 전에 하던 이야기를 지금도?

나무랄 데 없는 이야기이긴 하지만, "운동장에서 뛰노는 남자아이"라니? 충격이었다. 내게는 딸이 하나 있는데, 그 딸이 초등학교를 다닌 무렵은 지금으로부터 거의 이십여 년 전이다. 하루는 학교에서 돌아온 아이가 잔뜩 화가 나서 담임교사를 비난하기 시작했다.

"선생님 나빠. 청소시간인데, 남자아이들에게 나가서 축구하라고 하고는 여자아이들에게만 청소 시켰어." "번갈아 당번하는 거 아니야. 맨날 그래." "남자애들은 뛰놀아야 하고 여자애들은 얌전해야 하는 게 세상에 어디 있어?" 딸아이가 쏟아낸 분노의 목록은 아주 길었다.

이십여 년 전의 여자아이들이라고 성차별에 결코 둔감하지 않았다는 것을 나는 내 딸의 경우를 통해 잘 알고 있다. 그리고 그러한 성차별을 예민하게 느끼게끔 해주던 교사들 중엔 여성들도 많았다는 것도 잘 기억하고 있다. 세상은 그래도 전진해서, 그때의 성차별에 분노하던 소녀들이 자라 저 선생님 같은 교사가 되었지만, 아직도 학교교육 현장에서는 "축구하는 남자아이와 청소하는 여자아이"가 당연시되나보다. 그렇다고 이 분노가 설마 남자아이가 청소를 하고 여자아이가 축구를 하면 해소된다고 생각하는 사람은 없겠지?

그랬는데, 저 이야기를 실제로 그렇게 알아들은 사람도 많았던가보다. 짧은 동안이지만 그 선생님에 대한 온갖 공격이 난무하고 신상털기까지 시도되었단다. 이 동영상을 소개한 기사들에 달린 반대댓글을 살펴보니 댓글 다는 사람들의 페미니스트에 대한 반감의 수위가 아주 높다는 것을 알 수 있었다. 가장 놀랍게 느껴지는 공격은, 교사가 페미니즘 이야기를 하는 것은 정치적 중립의무 위반이라는 주장이다.

엉터리없는 언어사용 이유가 다 있다

정치적 중립의무란, 각축하는 정치세력 간의 다툼에서 어느 한쪽을 편들면 안 된다는 것이고 실제로는 특정 정당을 지지하는 행위를 하면 안 된다는 것이다. 페미니즘을 가르치는 것은 특정 정당을 편드는 일과 아무 상관없고, 따라서 정치적 중립의무 위반에 해당되지 않는다. 심지어 정치적이라는 말의 일반적 용법에 비추어보아도 결코 정치적이지 않다. 청와대, 국회, 이런 쪽과 관련된 일들을 우리는 정치라고 하지 않나. 오히려 정치적이라는 말을 좀더 깊이 파고들어 정당이니 정치인이니 하는 분야와 관련 없어도 사회생활과 인간관계에서 작동하는 정치관계, 또는 권력관계를 파악할 수 있어야 한다는 것이 페미니스트들의 생각이다. 오죽하면 여성이 일상에서 겪는 온갖 사소한 개인사들이 알고 보면 가장 정치적이라는 주장까지 할까. 이 '정치'와 '정치적 중립의무'의 '정치'는 글자만 같지 담고 있는 의미는 매우 다르다.

페미니즘적 이슈를 담고 있는 어떤 사건이 발생할 때마다 엉터리없는 언어사용을 몹시 자주 보게 된다. 강남역 살인사건에 등장한 '조현병', 왁싱샵 살인사건에는 심지어 '생활고'라는 고전적 어휘까지 등장한다. 여기에 이제는 정치적 중립의무 위반이라니.

이 언어들에는 일정한 패턴이 있다. 일종의 묻지마 살인에 해당하는 강남역 사건의 경우, 피해자가 왜 여성일 수밖에 없었던가라는 이야기를 하면 남성중심사회에 대한 비판을 하지 않을 수가 없다. 그러자 가해자를 이상심리의 소유자로 만들어서 축소한다. 일명 조현병. 왁싱샵 사건의 경우도 왜 하필 여성이 일하는 곳을 노렸으며 성폭력을 시도했나를 말하면 이 또한 남성중심주의적 범죄구조에 메스를 들이대야 한다. 그러자 가해자 개인의 사정 중 특수한 사정으로 원인을 축소한다. 일명 생활고. 조현병 환자면 모두 잠재적 살인자이고 생활고에 시달리면 모두가 강도살인을 하나? 개별화되고 파편화된 이런 사건들을 관통하는 가장 중요한 요소인 여혐범죄라는 본질을 외면하고자 또 다른 약자집단을 공격하는 것이다.

아픈 사람과 가난한 사람.

페미니즘 교육을 두려워하지 말자

그렇다면 위의 초등학교 선생님을 공격하는 언어로 왜 정치적 중립의무 위반이라는 말이 등장하는가? 해당 선생님이 전교조 교사 또는 그에 준하는 '삐딱한' 교사일 거라는 암시다. 감히 기득권의 남성중심적 사고방식에 이의를 제기했다는 말 대신 전교조에 가해지는 정치적 중립의무 위반이라는 위협을 끌어다 사용한 것일 뿐이다. 이 경우 여성인 그 교사가 가해자로 간주된다는 것만 다를 뿐, 사건을 발생시킨 그 사람 개인이 속한 소수집단의 문제라고 주장한다는 점에서는 똑같은 패턴이다. 이런 태도와 방식을 가리켜 나는 분할통치라는 말을 자주 사용한다. 당사자를 고립시키면 억압하기가 아주 쉽다. 시위를 진압하는 경찰들도 이런 방법을 쓰곤 한다. 일명 토끼몰이.

이런 일이 발생하는 이유는, 아이들에게 성평등 교육, 다른 말로 하면 페미니즘 교육을 어렸을 때부터 함으로써 인권의식 있고 당당한 어른으로 길러내자는 말을 남성기득권에 대한 공격으로 받아들이기 때문일 것이다. 페미니즘을 왜 남자에 대한 공격으로 받아들이는지는 모르겠지만, 남성기득권적 태도에 이의를 제기하면 무조

건 싫다는 말이나 다름없다. 이것이 얼마나 말이 안 되는 가? 사람은 서로 때리면 안 된다는 것이 페미니즘 교육 이라면, 남자가 여자를 때리면 안 된다는 건 기존의 교육 일 터. 이 말은 곧 힘센 남자아이는 힘 약한 여자아이에 게 맞아서는 안 된다는 뜻을 품고 있다. 그런데 어릴 적 엔 여자아이들이 힘이 더 세서 남자아이들이 맞을 수도 있는데, 이때 얻어맞는 남자아이들은 그럼 어떻게 자아 존중감을 지닐 수 있을까?

드라마 〈공항 가는 길〉에서 "왜 여자는 축구부가 될 수 없다는 거야?"하며 울부짖던 효은이를 떠올리며, 이런 것 을 지적하는 일이 정치적 중립의무 위반이라는 멍청한 주장에 짐짓 눙치며 대답해본다. 그러게, 모든 일상적인 일이 알고 보면 정치적이야. 페미니즘에 대해 일부가 느 끼는 두려움, 바로 그것이 정치적이야. 페미니스트로 간 주되는 사람을 향한 적대적이고 공격적인 언행, 바로 그 것이 정치가 해결해야 할 사회적 문제야. 이 일에 아무런 반응도 안한다면, 그건 정치적 행동의무 불이행이야.

학교에서의 성평등(젠더)교육이 이 모든 것을 해결할 열쇠는 아니지만, 해결을 시작할 첫 계단이란 것을 보여 준 사건이다.

여적여?

인기리에 종영된 EBS의 〈까칠남녀〉에서 "여적여"란 말을 주제로 다룬 일이 있다. 말을 줄여서 신어新語로 만드는 현상을 좋게 보지 않는다. 신어란 소설 『1984』에서 조지 오웰이 만든 개념인데, 말을 줄이면 원래와는 다른 의미가 생겨나면서 다른 현상을 가리키게 된다는 통찰을 담고 있다.

예컨대 일간베스트를 줄여서 일베라 부르니까 발생한 정치적 정체성이라든가, 저 옛날에 코뮤니스트 인터내셔널이 코민테른이라 불렸을 때 원래 취지와는 전혀 다른 단체가 된 일이라든가. 그러나 신어가 등장한다는 것은 그것이 중요한 사회적 현상임을 뜻하기도 하므로 관심 깊게 들여다볼 이유가 된다. '여적여'란, '여자의 적은 여자'라는 말이라고 한다. 아연하게도 이런 말이 아직도 이 대명천지에 여전히 떠돌고 있다니. 심지어 이미 사라진

옛말이 아니라 신어가 되어 있다니.

어릴 적에 툭하면 들었던 말이 저 말이었다. "여자가 여자 잘되는 꼴을 못 본다." 나는 여자중고등학교를 다녔고 그 전 초등학생 때도 4학년부터는 남녀분반이었기 때문에, 늘 여자들과 함께 생활했다. 당연히 싸움이 나도 여자와 나고 흉을 봐도 사고를 쳐도 여자들끼리 쳤다. 그랬는데 이상하게도 무슨 문제가 생겨서 아이들 사이에 다툼이 크게 일면 꼭 저런 이야기가 튀어나왔다. 여자들뿐인데 무슨! 그나마 좀 공정해 보이는 말이 "머리 검은 짐승은 보살펴주면 안 된다" 정도의 말이었다. 이때 머리 검은 짐승은 성별이 꼭 여성은 아니었으니까.

〈까칠남녀〉에서는 사회생활에서 여성들이 같은 여성들로 인해 겪게 되는 다양한 고통과 고난을 열거하여 보여주었다. 공감이 갔다. 나 또한 질투심 많은 사람이고, 같은 여자들끼리의 다툼은 속내가 빤히 보여서 더 화가 날 때도 있다.

하지만 딱 거기까지다. 남자들이 더 많은 환경에서 사회생활을 해온 나는, 남자들의 사회가 얼마나 서로 헐뜯고 질투하며 서로가 잘되는 꼴을 못 보는지, 얼마나 심한 폭력이 난무하는지를 잘 알고 있다. 〈까칠남녀〉에서 말한 대로 여자의 적은 여자이고 남자의 적은 남자이며, 또한 여자의 적은 남자이고 남자의 적은 여자이기도 하다.

달리 말해, 사람은 사람과 적대하지 나무나 돌이나 동물과 적대하지는 않는다.

그런데 왜 자꾸만 이런 말이 등장할까. 이때 우리가 감안해야 하는 것이 '말하는 권력'이다. 규정하고 해석하는 힘을 지니면, 약자집단에 일정한 딱지를 붙여 그들의 행위와 삶을 일정한 방향으로 강제할 수 있다. "여자의 적은 여자"라는 말이 지닌 진정한 뜻은 '여자는 여자하고만 경쟁하라'는 것이다. 여자들에게 허용된 범주를 벗어나 약진하는 여자는 다른 여자들을 초라하게 만드니 '여자들이 응징하라'는 뜻이다. '하여간 여자가 문제'라는 뜻이다.

이때 말해지지 않는 것은, 말하는 권력에 속한 남성을 향해서는 비판이나 분석의 칼날이 작동하지 않는다는 것이다. 카메라 뒤편의 횡포는 잊혀지고 카메라가 찍은 화면 안의 다툼만이 보이는 TV드라마와 같다. '적이 될 수 있는 여자'라는 적을 발명하여 남자와 그 남자에게 종속하는 여자들이 담합하는 지배구도가 수립한다.

'여자'라는 범주로 인류의 상당수를 묶어둔 상태가 나머지 인류에게도, 인류 전체에도 건강한 일이 아니라는 것을 우리는 차츰 인식했다. 성차별이 문자 그대로 생존에도 위협이 되는 시대를 바로잡고자 사회는 노력하기 시작했다. 가장 중요한 방법이 아마 정치권에서의 여성할당제일 것이다. 그랬는데 '여적여'라니, 오랜 세월 가부장제가 작동해온 방식인 이 구도가, 다시 신어가 되어 거론되고 있다는 것은 일종의 반동이 오고 있다는 뜻일 게다. "여자들이 남자의 자리를 뺏는다. 그러지 못하게 하자"라는 것이 다시 등장한 신어 '여적여'의 진정한 뜻이 아닌가 한다.

요즘 시대에 페미도 아니면 뭐해?

8만 3000명의 신지예들

페미니스트 선거운동이 남긴 것

페미니즘은 언제나 운동이었지만, 그 운동이 현실정치의 영역으로 진입하기까지는 정말 오랜 시간이 걸렸다. 지금까지 모든 페미니즘 사조들은 당대의 가장 심각한 정치적 도전이었고 인권의 신장이라는 본질적 의제에 천착하는 정치적 실천이었다. 그럼에도 선거에 페미니즘 이슈가 등장한 것은 극히 최근이다. 그것도 겨우 구색으로 등장했다. 2004년 이후로 여성정치인의 수가 늘기는 했지만, 생물학적 여성이 정치인이 된다고 곧바로 페미니즘적 정치가 실현되는 것은 아니다. 페미니스트 여성 또는 페미니스트 남성 정치가가 등장을 해야 시작이라도 할 수 있다.

그러나 남성중심 사회에서 남성지배의 정치에 익숙해진 사고방식으로 정치를 하는 여성들도 여전히 많다. 페미니즘이 말하는 정치란 무엇인가를 여성 자신은 물론이고 사회 전체가 명확히 말하고 논쟁하고 실천하고자 정책을 세우고 하는 일은 아직 먼 이야기다. 여성들이 적극적으로 정치유권자가 되고 영향력을 행사한 지난 대선에서도 페미니즘은 구호를 넘어서지 못했다. 2018년 서울 시장 선거에서 페미니스트 시장이라는 아젠다를 들고 나온 신지예 후보가 선전한 일이 좀더 소중하게 느껴지는 이유다.

신지예의 선거운동은 페미니스트 정치가 무엇인가를 구호가 아니라 다양한 정책을 제시하면서 보여주었다. 여성들 그것도 젊은 여성들이 서울이라는 거대도시를 책임질 준비가 되어 있음을 보여준 것이다. 그런데 나는 후보 자신의 존재보다 더 주목한 일이 있다. 양당제의 그늘이 아직도 너무 거대한 선거판에서도 무려 8만3000명의 서울시민이 신지예에게 투표한 일이다. 이 8만300명을 83만 명으로, 100만 200만 명으로 늘려가는 일이 과제로 남았으나, 씨앗은 제대로 뿌려졌다. 이 8만 3000명은 모든 중요한 의제들을 다 젖히고 심지어 정당 소속감을 이겨내고 페미니스트 시장이라는 슬로건에 투표를 한 강골들이다. 나는 이들을 당분간 상징적으로 '신지예들'이라 부르고 싶다.

신지예 후보가 66,365,700원의 후원금으로 선거를 치렀다는 사실도 중요하다. 빚을 지지도 않았고, 200여 장의 현수막을 걸었고, 유세차 단 한 대로 서울 전역을 돌아다녔다. 물론 SNS 상에서 '시건방진' 포스터 사진을 놓고 소동도 있었고, 벽보와 현수막 훼손 같은 일들이 신지예 후보의 지명도를 더 높여준 것은 사실이지만, 엄밀히 말하면 소수정당 페미니스트 후보란 그런 공격을 당할 소지가 언제나 높다. 그러니 우연한 사건들에만 의존한 것은 아니다. 모든 본질적 이슈와 마찬가지로 페미니즘 정치도 저항이 따른다. 크고 작고 높고 낮은 기득권의 저항은 잔인한 것이 오히려 상수다. 돈보다 아젠다, 돈보다 미래를 향한 방향성, 다가올 미래를 낙관하는 힘이야말로 신지예'들'을 만들어낸 비결이다.

녹색당은 비록 당선자를 내지는 못했지만, 후보자 선출부터 정책의제 선정, 선거운동방식에 이르기까지 앞으로의 정치가 배워야 할 중요한 선례를 남겼다. 페미니스트 후보 신지예가 지닌 의미는, 탄핵촛불과 지난 대선 때 안으로 타올랐으나 옆으로 옆으로 치워지기만 했던 페미니스트의 목소리가 정면으로 울려 퍼졌다는 것이다. 길에서 민트빛 도는 초록 포스터와 '시건방진' 눈빛으로 바라보는 얼굴과 페미니스트 시장이라는 글씨에 담긴 하얀 리본을 보았을 때 세상의 변화를 예감한 사람들은 행복하다. 그들은 더 나은 미래를 반드시 만날 것이다.

돌이켜보면 2004년 총선 때 모든 정당이 여성 비례대표 후보를 홀수번호에 배정하여 51% 이상 당선이 가능하게끔 했던 일이 여성의 정치권 진출에 큰 기여를 했다. 이는 지자체 선거에도 이어져, 2018년 지선에서 여성구청장으로 당선된 분들 가운데 상당수가 국회의원/시도의원/구군의원 비례대표로 정치를 시작한 분들이다. 정치권의 높은 진입장벽을 할당제의 손을 잡고 넘어선 여성들이다. 이는 분명 페미니즘 운동의 열매였지만, 이분들에게 페미니스트 정치는 여전히 1순위가 아니다.

이번 선거의 중요 아젠다가 페미니즘은 아니어서였다고 이해하기로 한다. 어디까지나 분단체제 극복과 적폐청산이라는 큰 의제가 장악한, 이른바 구도가 짜여진 선거였다. 그랬기에 신지예 후보의 득표가 더욱 의미심장하다. 존재하기 시작했다는 것, 이것이야말로 1.7%라는 조그마한 숫자의 커다란 의미 아니겠는가. 그러므로 후보였고 당선자였으며 이제 선출직 공무원이 된 여성들이 페미니스트로 성장하기 위한 노력을 얼마나 할지, 또 정당 차원에서 얼마나 노력을 할지가 앞날에 중요한 차이점이 될 것이다.

어디선가 부지런히 몸피를 불리고 있을 8만3000명의 신지예들이 앞으로의 선거에 갑자기 83만 명이 되어 나타나더라도 놀라지 않을 준비가 과연 되었는가.

빵과 장미

노회찬이 남긴 숙제들

만일, 자유+민주주의+공화국이라는 공동체가 그 구성원들의 자유를 지켜내고자 하는 마음이 정말 있다면 무슨 일들을 제일 먼저 할까. '자유'라는 개념을 개인의 내면으로부터 찾아내는 습관이 있는 우리나라 사람들은 자유를 '윤리에 저촉되지 않고 내 마음대로 할 자유'라고 생각하는 경향이 짙다. 자유의 반댓말은 방종이라는 통속적 대구도 있다시피.

그러나 자유에 대해 가장 널리 알려진 격언은 존 스튜어트 밀의 저 유명한 말, "나의 자유는 타인의 자유가 시작되는 곳에서 끝난다"이다. 이때 자유는, 내 마음 속의, 내 머릿속의, 마음껏 방종하고 사악해도 되는 그 자유가 아니라, 내가 내 이웃과 공존하기 위해 서로를 어디까지 허용하고 구속할 것인가를 다투는 치열한 생각싸움의 언어다. 그래서 이 시민적·사회적 자유를 지켜내고자 국가가 뭔가 하고 싶다면 아마도, 차별금지법을 제정하는 것이야말로 가장 초보적이고도 효과적인 방법일 것이다.

나의 자유는 너의 자유와 같은 값이다. 자유의 가격은 재산의 크기나 주먹의 세기, 심지어 몸의 무게 순서가 아니라 그냥 1개체 1자유이기 때문에, 내 자유를 확보하기 위해서는 너의 자유도 똑같이 지켜주어야 하는 것이 상식이다. 이 상식이 지켜지지 않으니까 차별이 발생하고 차별이 눈에 보이고 차별에 편승하여 이득을 얻는 사람도 있다. 그러니 차별금지법이야말로, '너도 사람이고 나도 사람이다'라는 말을 법으로 만든 정말 단순한 것이 아닐까.

페미니즘이 저항하는 수많은 폭력 중에, 개인 대 개인의 일들로 보여도 사회가 개입할 수 없는 것들은 많지 않다. 하지만 사회가 개입할 수 있는 많은 일들을 모조리 재판으로 해결해야 하는 사회는 얼마나 끔찍한가. 피해자가 사건 당사자가 되어 자기를 일일이 소명해야 하는 사회는 결코 발전한 사회가 아니다. 흔히 이런 사회를 우리는 야만이요 미개라고 부른다. 그런데 지금 우리 사회가 이렇다. 서로에 대한 개입의 경계를 미리 설정했다면 발생하지 않을 수많은 폭력.

강력한 로비단체가 되어버린 일부 기독교세력이 차별금지법을 반대하고 있으나, 정치자금과 표라는 압박이 없다면 이 세력의 무기는 없다. 왜냐하면 근본적으로 비윤리적이며 부자유하기 때문이다. 삼권분립시대의 민주공화국에선 자유의 한계를 끊임없이 고민하는 것이 국회의 가장 중요한 일 아닌가.

차별금지법 제정에 앞장서온 노회찬 의원이 세상을 떴을 때, 많은 사람들이 다양한 이유로 그의 죽음에 충격을 받고 또 깊이 아파했다. 나도 역시 나만의, 또는 나를 위한 상실의 마음이 정말 크다. 고 노회찬 의원의 빈소가 차려진 세브란스 병원 장례식장에 갔을 때 기억이 생생하다.

울음소리가 거의 들리지 않았다. 갑자기 닥쳐온 비보 때문이기도 했지만, 아직 분명하게 이름을 얻지 못한 분노가 분명한 슬픔보다 훨씬 크다는 것을 모두가 느끼고 있는 듯했다. 눈을 깜박이면 고인 눈물이 굴러나오기라도 할까봐 눈알이 빨개지도록 눈을 부릅뜬 채로 사람들은 묵묵히 줄을 서서 떠난 이를 배웅하는 큰절의 차례를 기다렸다. 노무현을 통곡으로 보낸 내가 노회찬을 뜬눈으로 보냈다. 이 차이가 말해주는 것이 무엇인지를 명료한 언어로 말할 수 있고자, 내 불면의 밤은 길었다. 이제 그 언어를 말해보자. 첫번째로 하고 싶은 말은, "모든 인간은 존엄하고 평등하고 자유로워야 한다." 다음으로 하고 싶은 말은, "고작 차별금지법 하나 만들자는데".

한 사람이 갔을 뿐인데 너무 많은 것이 금간 얼굴로 우리 앞에 와서 섰던 그날의 기억을 잊지 않으려 한다. 어느 해 여성의 날에 그가 보내준 장미 한 송이, 연대의 장미이자 약속의 장미를 꽃피울 책임을 스스로 지고자 하는 정치인이 늘어나기를 빈다.

요즘 시대에 페미도 아니면 뭐해?

다시 빵과 장미를 생각하며

3월 8일 세계 여성의 날에

2000년대 초반 어느 일요일, 학생들과 함께 부산 수영만 '시네마떼끄'에서 〈빵과 장미〉라는 영화를 보았다. 〈나, 다니엘 블레이크〉의 감독인 켄 로치의 작품이다. 멕시코 여성 마야가 목숨을 걸고 국경을 넘어 로스엔젤레스로 오면서 시작되는 영화는, 여성이자 불법이주노동자인 마야가 겪는 전쟁 같은 일상을 따라가며 여성과 노동이, 그리고 여성과 난민이, 여성과 가난이 어떻게 결합하는지를 보여준다. 영화를 본 다음 학생들과 나눈 이야기들이 오래 기억에 남는다.

한 학생이, 여성인 자기는 자신이 노동자가 될 것이라는 생각을 하지 못했다고 말했다. 다른 남학생이, 자기도 노동자가 될 거라고는 생각 안 하고 있었다고 말하자 불 꺼진 어두운 극장에서 토론이 벌어졌다. 차별은 정말 이상한 곳에 장막을 치고, 모르는 새 서로 다른 구역으로 사람들을 몰아넣고 있다.

여성이니까 노동자가 안 될 거라는 여자 대학생, 대학생이니까 노동자가 안 될 거라는 남자 대학생, 둘 다 노동자가 안 될 것이라 말했지만 그 생각의 결은 미묘하게 달랐다. 특히 여학생은, 보조적 일은 노동이 아니라는 생각을 했다고 토로했다. 충격과 각성은 여학생들로부터 먼저 왔다. '청소'도 노동이며 '청소노동자'도 '노동자'라는. 이 짤막한 대화에서 물론 결론은 "우리는 모두 노동자가 된다"였다.

영화 내용이 보여주는 이주노동자, 불법체류자, 노동조합, 동료를 배반하게 하는 가난, 계급을 뛰어넘는 연애의 불가능성, 그리고 여성이라는 조건 등등 한 장면 한 장면의 의미가 분명해질수록 희미한 비상등 불빛 아래 우리 모두는 울었다.

물론 이것은 어디까지나 2000년대 초반 이야기다. 지금 시점에서는 어떤 여자 대학생도 자기가 노동자가 안 될 것이라고 생각하지는 않을 듯하다. 오히려 반대다. 좀 더 열악한, 차별받는 노동자가 될 것임을 다들 안다. 여성은 여성이라는 조건만으로, 20대에는 차별이 없다는 통념과 달리 동일한 경력과 학력의 남성보다 한 계단 깎인 처우를 받고 있다는 연구결과도 나와 있지 않은가.

그런데 영화의 제목은 왜 〈빵과 장미〉였을까? 이 영화

요즘 시대에 페미도 아니면 뭐해?

에서 빵은 생존을 위한 투쟁을, 장미는 존엄을 위한 투쟁을 의미한다. 세계 여성의 날로 지정된 3월 8일이 오면, 해마다 페미니스트인 나는 남성정치인들에게 장미 한 송이를 선물로 받았던 기억이 있다. 그런데 왜 빵과 장미는 여성의 날과 결부되었을까.

여성의 날과 빵과 장미라는 상징의 유래를 우리는 아직 정확히 알지 못한다, 1908년 3월 8일 뉴욕의 러트거스 광장에 무려 1만5000명의 여성노동자가 모여 "우리는 빵만이 아니라 장미를 원한다"라고 외치며 시위를 벌인 일을 기념해서라는 속설이 있다. 그들은 주로 섬유노동자였다고 한다.

산업혁명 이후 여성들은 손이 많이 가며 노동집약적이고 위험한 일자리에 값싸게 투입되는 일이 잦았다. 양잿물에 내내 손을 넣어야 하는 세탁 일, 툭하면 엄지손톱을 박아버리기 일쑤인 재봉, 영화 〈모던타임스〉가 실감나게 보여준 단순조립노동, 근대 세계의 발전을 다루는 많은 영화들의 배경으로 쓰윽 지나가는 굴뚝노동자들의 뒷골목에서 자르고 다듬고 씻고 먹이고 치우는 식당노동 등등, 노동의 강도는 결코 약하다고 볼 수 없고 노동시간도 길었지만, 제대로 된 노동자 대우도 제대로 된 시민 대우도 받지 못하던 여성들이 어떻게 1만5000명이나 모일 수 있었을까? 그리고 그 모임은 성공했을까?

물론 이는 역사적으로 확인된 일이 아니다. 그러나 유래가 어떠하든 세계 여성의 날이 생존권과 평등권을 쟁취하고자 하는 여성을 격려하고자 생겨난 날임은 분명하다.

영화 〈서프러제트〉에서도 강렬하게 보여주듯, 생산의 중요한 몫을 담당하는 여성들에게는 최소한의 생존을 보장받을 임금뿐 아니라 보다 나은 환경을 스스로 결정하고 요구할 수 있는 주권자로서의 권리 또한 필요하다는 것을 이미 한 세기도 더 전의 여성들도 깨닫고 있었다. 가장 중요하게는, 그것을 모여서 쟁취해야 한다고 깨달았다.

우리나라에서도 벌써 1920년대에 '국제무산無産부인데이'라는 이름으로 3.8 여성의 날을 기념하기 시작했고, 여성노동자들의 존엄과 생존권을 요구하는 운동을 이어갔다. 그러면서 빵과 장미는 분리될 수 없는 여성노동의 기치가 되었다.

고민은 복합적이고 다층적이다. 여성의 노동이, 여성노동자가 받는 차별은 계급적인 걸까 젠더적인 걸까. 나는 구분할 수 없다. 육체에, 역사 자체에 아로새겨진 복합적 차별을 학문으로는 구분할지언정 현실에서는 빵으로 만든 장미에서 빵과 장미를 구분할 수 없듯 구분할 수 없다. 모든 부문의 성차별을 한방에 해결 못하더라도, 다른 여성이 받는 차별을 계급의 차이로 말미암아 무지하게 지나가는 일은 결단코 안 하리라 다짐하던 나의 학생들을 기억하며, 또한 가족의 생계를 위해 동료 노동자를 배반한 영화 속 마야 언니의 슬픈 교훈을 기억하며, 그이에게도 장미 한 송이를 바친다.

동성애 반대의
정치적 이유

페미니즘과 정치에 대해 글을 쓰려니 뜻밖에 부딪치는 복병이 동성애 문제다. 일부 극우적 개신교가 정치적 파워를 형성하고 행사하기 위해 반동성애를 주요하게 내세우고 있다는 것은 이제 비밀도 아니다. 오랫동안 들고 나왔던 반공과 멸공 구호의 위세가 예전만큼 강력하지 않아 생긴 빈자리를 동성애 반대가 메우고 있는 형국이다.

페미니즘은 인간 각자의 성적 정체성이 다양함을 인정하고 개별자로서 모두 존중해야 한다는 매우 상식적인 이야기를 한다. 그런 의식을 담은 언어가 바로 성평등이다. 그런데 이 성평등의 '성' 속에 이성애뿐 아니라 동성애가 당연히 있다는 사실을 일부 기독교 세력은 물고 늘어진다. 성은 반드시 양성(남성과 여성)만이 있어야 하므로, 국가가 공적 언어로 '성평등'을 사용해서는 안 되고 '양성평등'을 써야 한다는 것이 이들의 주장이다. 나름 성

요즘 시대에 페미도 아니면 뭐해?

서를 태초에서 아멘까지 샅샅이 읽어보았지만 하느님이 동성애를 금지했다는 내용을 발견하지 못해서 그런지, 이들이 이런 주장을 하는 이유가 매우 정치적이라고 느꼈다.

김이수 헌법재판소장 후보에 이어 김명수 대법원장 후보의 인준을 둘러싸고도 동성애 공방이 벌어졌다. 김이수 후보자도, 김명수 후보자도, 동성애에 대해 아주 낮은 수위의 인권옹호적 태도를 지녔을 뿐이다. 김명수 후보자는 청문회에서 군 동성애 처벌 문제와 관련하여 "개인적으로 동성애(자) 및 성소수자 인권도 우리 사회가 다 같이 중요한 가치로 보호해야 한다고 생각한다"라는 답변을 했다. 그러면 대법원장 후보가 특정한 성적 지향을 이유로 인간 차별을 해야 한다고 답해야 할까?

최근에는 조국 법무부장관 후보가 청문회에서 동성애는 찬반을 이야기할 주제가 아니지만 동성혼은 현실적으로 이르다는 취지의 발언을 했고, 문재인 대통령도 종교 지도자들과 만난 자리에서 같은 이야기를 했다. 다시 말해, 동성애와 동성혼은 기독교계가 정부를 향해 공세를 취할 수 있는 중요한 무기가 되고 있다. 여기에 대응하는 정부의 저자세적 태도가 마뜩지 않다. 동성애에 대한 공세는 극우적 기독교의 정치 무기에 불과하고 진짜 기독교적 태도가 결코 아니다. 예수가 동성애자를 차별하겠는가. 거기에 왜 손뼉을 마주쳐주는지를 모르겠다.

얼핏 아무 상관없어 보이는 페미니즘과 동성애라는 주제를 이어주는 것은 차별이라고 나는 늘 이야기한다. 차별에 대해 반대하는 것은 근대자유민주주의 국가를 지탱하는 가장 핵심적 정치원리다. 나는 민주주의가 합리적이거나 완벽한 제도라고 생각하지 않는다. 하지만 민주주의는 개인의 자유와 주권을 중요하게 여기기 때문에, 전체주의나 기타 다른 종류의 정치제도에 비해 그나마 덜 잔인할 수 있다는 것이 중요하다. 그래서 현대사회는 민주주의를 표방한다. 다시 이야기하지만 차별에 반대하는 것은 자유민주주의국가의 기본자세다.

페미니즘을 단순화하여, 여성이 엄연히 헌법에 보장된 개인의 권리에도 불구하고 실제로는 2등국민으로 차별받는 일에 반대하는 것이라고 하자. 그렇다면 동성애자는 헌법에 보장된 권리를 지닌 개인이 아닌가? 동성애자는 세금 안 내나? 매우 단순한 개념이다. 진정한 페미니스트뿐 아니라 진정한 자유민주주의자라면 당연히 동성애자 차별에 반대해야 하는 것이다.

여기서 한 가지를 더 짚고 싶다. 뻔히 동성애자와 동성애를 분리시킬 수 없다는 것을 잘 아는 사람들이 고의로 동성애를 흡사 성행위의 일종인 것처럼 취급한다는 사실이다. 동성애는 누구에게라도 '다양한 성적 대상 가운데

골라서 동성을 선택할 자유'의 문제가 아니다. 그러므로 동성애라는 말은 반드시 동성애자를, 사람을 가리키는 말이어야만 한다. 이를 짐짓 눙쳐두고 동성애 옹호, 동성애 반대라고 말하는 것은 문법적 거짓말이다.

예컨대, 보수 성향 의원들이 공세적으로 발언하는바 "동성애를 허용한다면 근친강간·수간·소아성애도 허용해야 한다"라는 주장은 대표적인 거짓말이다. 동성애는 성폭력이 아니라 한 개인의 타고나는 성적 지향이고 후자들은 범죄행위다. 이것을 동일선상에 놓을 수 없다는 것을 그분들도 잘 알리라 본다. 명백한 범주구분의 오류다. 그런데도 저런 문장을 입에서 내보냄으로써 차별과 자유의 문제를 타락한 성적 상상으로 덮어버린다. 스스로의 인격을 모독하면서까지 그런 범죄적 상상력을 동원하는 이유 또한 탐구의 대상이 아닐 수 없다.

페미니즘은 동성애를 옹호하지 않는다. 아니 어떤 정치사상도 동성애를 옹호할 수 없다. 반대로 동성애를 반대할 수도 없다. 다만 동성애(자)를 차별할 것이냐 차별하지 않을 것이냐가 있을 뿐이다. 모든 차별에 반대하는 것은 자유와 평등과 박애라는 근대정신을 실현하기 위한 최소한일 뿐이다. 보다 나은 미래를 만들어가고자 하는 정치사상으로서 페미니즘도 마찬가지다.

사랑하니까 반대합니다

인천퀴어축제에 난입한 기독교도들

동성애 반대를 정치적 무기로 삼은 세력은 폭력을 행사하게 되는 것이 필연이라고 나는 생각해왔다. 타인의 가장 중요한 정체성을 신의 이름을 빙자한 자신들의 신념으로 부정하는 일 자체가 이미 크나큰 폭력이다. 이를 물리적 폭력으로 옮기는 데는 그렇게 먼 거리와 시간이 필요할 것 같지 않다.

연전에, 인천퀴어축제가 열리기로 한 인천 동구에서 이를 증명하는 사태가 발생했다. 일부 기독교인들이 예정된 축제 장소에 난입하여 폭력을 휘두르며 행사를 방해한 것이다. 경찰은 방조를 넘어 거의 박해에 가담한 수준이었다 하고, 사태가 이렇게 되도록 행정적인 잘못을 저지른 구청장은 사태를 즉각 직시하지 못했다. 퀴어축제에 반대세력의 집결은 예견된 것이었으니만큼, 동구청은 이들이 한 공간에서 모이게 될 가능성을 처음부터 없애야 했는데 그 반대로 했다. 서울과 여타 지역의 사례로 보아 기세등등한 기독교계 일부 단체들이 폭력행위를 할 것임이 어느 정도 예측 가능했음에도 경찰은 대비하지 않았다.

경찰이든 구청장이든 잊지 말아야 할 것을 잊었다. 퀴어든 아니든 모두 국민이며, 자신을 표현할 사회적 자유를 폭력으로 저지당해서는 안 된다는 사실과, 공권력은 바로 그것을 보호하고자 만들어진 장치라는 사실이다. 폭력에 폭력으로 대응할 권한이 주어진 유일한 공권력을 제대로 행사하지 못한다면, 오랜 투쟁 끝에 겨우 시민의 자유와 안전을 지키는 방향으로 물꼬를 튼 민주국가와 경찰의 신뢰가 다시 뒷걸음질을 치게 된다.

내 가슴을 아프게 한 또 한 가지는, 난민 반대를 비롯해서 모든 혐오조장세력의 한복판에 예수의 이름을 내건 사람들이 등장한 일이었다. 태중교우로서 나는 주님의 이름을 이렇게 망령되이 부르는 일에 저절로 민감하다. 이 기독교인들은 "사랑하니까/반대합니다"라는 손피켓을 들고, 못이 든 각목으로 차바퀴에 구멍을 내고, 행사 참가자의 팔뚝을 물어뜯고, 때렸다고 했다. 울리는 꽹과리 소리를 사랑이라고 그들은 불렀다.

스테파노가 하느님을 모독했다며 유대인들에게 처형을 당할 때 그에 찬동하며 돌을 든 사울(바울의 예전 이름)

을 보았다면 어떤 마음이 들었을까? 사랑한다면 모든 일 꾼에게 동일한 삯을 준 '포도밭 주인'처럼, '돌아온 탕자' 를 받아들인 아버지처럼 해야 하는 것이지 돌을 든 사울처럼 하면 안 된다는 건 기독교인의 기본 지식이다. 동성애에 대한 다양한 반대논리에도 불구하고, 명백한 것은 어떤 반대도 폭력적으로 해도 되는 것은 없다는 사실이다. 그렇다면 왜 이 일부 기독교인들은 주님이 보시기에 가장 끔찍할 일을 서슴지 않고 저지르는 것일까.

어떤 집단이 외부의 적을 만들고 그 적에 대한 증오심을 극대화하고 있다면, 내부모순이 극대화되고 있다는 뜻이다. 현재 한국 기독교의 실상은, 목회자에 의한 성폭력이 거듭 고발되고 재산이 엄청난 대형교회가 세습되고 있으며 신학은 후퇴하고 교회 간의 빈부격차도 심해지며 주류를 차지한 세력의 자기성찰이 약화되고 있다는 것이다.

세속권력이 타락할 때 그에 맞서야 할 교회가 성소수자라는 약자들에 맞서서 폭력을 저지르는 모습을 보는 일은 나쁜 방향으로 정치화되는 일을 보는 것 못지않게 괴롭다. 동성애자가 다른 이에게 어떤 사회적 고통도 안겨주지 않는 그 개인의 내적 지향인 데 반해 교회의 타락과 폭력은 사회적 문제이며, 사회를 불행하게 한다. 사회의 일원이자 교회의 일원으로서, 교회는 동성애에 반대할 권리가 없지만 나는 교회에 반대할 권리가 있다. 나는 기독교를 여전히 사랑한다. 그래서 지금 기독교 일부의 동성애 반대 폭력에 절대 반대한다. 사랑하니까 반대한다. 사랑하니까 반대한다. 사랑하니까 반대한다.

언제나 5월은 또다시 시작된다

바야흐로 1981년 5월이었다. 광주항쟁은, 기억 속에는 학살에 좀더 가깝게 남아 있는 그 일은 1980년 5월에 일어났지만, 누구에게나 그렇듯이 사건은 일어난 순간부터가 아니라 그 일이 인지되고 기억된 순간부터가 시작이다. 그래서 1980년 5월 18일 광주에서 시작된 민주와 독재의 싸움은 1980년대 내내 이제 막 청춘의 문턱으로 들어선 젊은이들을 통해 5월마다 다시 시작하곤 했다. 독재자의 후예들이 감히 광주의 후예들에게 '독재'라고 불러도 고문당하지 않을 자유가 그렇게 자라났다.

때는 1981년이었고, 당시 내가 일하던 실천문학사 문을 열고 누군가가 들어왔다. 광주의 한 서점에서 왔다고 한다. 그는 시민군으로 나간 두 오라비를 대신하여 서점을 경영했으나, 더 이상은 밀린 책값을 갚을 수가 없다고 했다. 왜요? 오라비들이 돌아오지 않아요. 어디 갔는

요즘 시대에 페미도 아니면 뭐해?

데요? 나의 이 생각 없는 질문에 그가 한 대답은 갑작스런 흐느낌이었다. 그것이 나의 시작이다. 그의 오라비들은, 2019년 누군가가 증언한 데 따르면 가매장되었다가 다시 파내어져 광주국군병원에서 소각되었을 가능성이 있다.

전두환이 자서전에서 5월 광주의 진실 대부분을 부정한 것은 이 다시 시작함의 위력을 몰랐기 때문일지도 모른다. 사연들이 화석처럼 날짜의 어떤 자리에 박혀 자꾸만 낡아가는 줄로 알았을지도 모른다. 어쩌면 1987년으로 끝났다고, 또는 백담사로 끝났다고 생각했을 수도 있다. 80년대 내내 새로 시작하던 이른바 386세대가 이미 늙어 기득권이 되고 비판을 받으니까, 더는 다시 시작하지 않으니까, 함께 사라져갈 수 있다고 혹시라도 믿었을지도 모른다.

하지만 은폐된 진실은 언제나 드러나려고 요동을 치고, 저질러진 죄악은 죄인이 죗값을 치를 때까지 땅속을 흐르는 검은 피가 되어 울부짖는다. 제도를 잘못 구축한 87년체제가 수명을 다해가자 39년을 침묵했던 사람들에 의해 1980년 5월이 다시 시작되고 있다. 내년에 열여덟 살이 되는 어떤 청소년에겐 2019년 5월이 시작일 수도 있다. 전두환은 다시 심판받아야 하고 이번에야말로 제대로 죗값을 지르는 것이 그에게도 우리에게도 좋은 일이 될 것이다.

다시 시작한다는 것은 그런 것이다. 한 번으로 다 이루지 못하는 싸움을 언제나 다시 시작할 수 있는 힘이 이렇게 우리에게 있다. 전두환 한 사람을 법정에 세우는 일에만 국한된 것이 아니다. 드라마 〈녹두꽃〉이 동학농민전쟁을 다시 시작하고, 김복동 할머니의 죽음이 일본이 사죄해야 마무리될 과거 역사 단죄를 다시 시작하며, 김학의 수사와 장자연 수사가 사람꼴을 갖추지 못해도 권력을 누릴 수 있던 자들의 더러운 데를 백일하에 드러내는일을 다시 시작한다. 이번에 실패해도 다시 시작한다.

모든 국가폭력의 현장에서 그러하듯 1980년 5월에도 성폭력의 그림자가 어른거린다는 것을 2019년에 등장한새로운 증언들은 말한다. 한강의 소설 『소년이 온다』에희미하게 드러났던 그림자가 조금 더 꼴을 갖추고 있다. 5월 19일 밤 하교하는 여학생들의 뒤를 쫓던 군인들이여, 당신들도 다시 시작하라. 인간의 자리로 돌아오라. 당신들도 다시 시작할 수 있다.

2019년 5월에 패스트트랙을 올라탄 선거법 개정과 공수처법, 검경수사권 조정이라는 건조한 이름들을 생각해본다. 1980년 5월에는 피로 싸웠고 1987년 6월에는 한데 모여 외쳤던 우리는, 2019년에는 제법 민주주의를 하는 모양새로 국회에 많은 일들을 맡겼다. 이 일에는 어떤

　　　　　　　　요즘 시대에 페미도 아니면 뭐해?

막전막후도, 어떤 꼼수도, 어떤 붕당의 이익도 개입해서는 안 된다. 사회의 약자인 사람들이 폭력으로부터 벗어나기 위한 끈질긴 노력을 우리는 민주주의라고 부른다. 무엇이 폭력인가를 제대로 이해하는 힘은 페미니즘의 근본능력이다. 이 능력에 의지하여, 이번에야말로 1980년 5월 광주에서 시작한 기나긴 피의 역사를 빛의 역사로 바꾸어야 할 때다.

'펜스Pence'가 아니라
'펜스fence'였다

선거철이 돌아올 때마다 드는 생각이다. 아무래도 실질적으로 세상을 바꿀 힘이 있는 것이 정당이니 정당들의 후보공천에 대해서 관심을 아니 가질 수가 없다. 그중에서도 특히 여성공천이 어떻게 되어가는지는 중요한 일이 아닐 수 없다. 그런 뜻에서 지난 2018년 지방자치단체선거에서의 공천은 무참한 지경이었다고 말해야겠다. 여성적 정치원리가 훨씬 더 필요하다는 지방자치단체 선거인데도 여성 정치인에 대한 진입장벽이 더더욱 교묘하게 높아지는 것을 목격했다.

각종 선거에서 여성할당제를 관철시키기 위한 노력은 일정한 성과를 거두었고, 그 결과 선출직의 경험을 쌓은 여성들의 수도 상당히 늘어났다. 그러나 이번 공천 현황을 볼 때 단순히 숫자를 늘리자는 의미의 할당제로는 성차별적 정치현실에 변화를 이끌어오지 못한다는 것이 분명해졌다. 물론 여전히 할당제는 필요하고, 장기적으로 남녀동수가 되는 할당제가 변화를 이끌어내는 양질전환의 고리임은 여전히 확실하다. 그러나 더 중요한 일이 있다. 왜 여성이 정치를 해야 하는가에 대한 성찰이다.

세상이 변하고 있기 때문이라는 것은 맞는 답이지만 부족하다. 여성이 공적 영역에 진출하고 생산경제활동에 종사하는 수가 늘어나고 있으며 이 상황이 도로 과거로 돌아갈 가능성은 없다. 이제는 더 이상 과거와 같은 성별분업사회는 안 돌아온다는 뜻이다. 여성들뿐 아니라 남성들의 삶도 엄청나게 변화할 수밖에 없다. 그런데도 청와대 국민청원 1년을 돌아보니 가장 중요한 키워드가 '인권'이고 가장 많이 쓰인 어휘가 '여성'이더라는 빅데이터 분석은, 변화한 시대에 걸맞는 사회제도가 아직 오지 않았음을 드러내는 증거다.

정치란 바로 이 '변화한 시대에 걸맞는 사회제도'를 만들고 실천하기 위한 대표를 선출하는 일이다. 국민청원의 목소리는 여성이 하는 정치를 넘어 여성적 원리가 적용되는 정치의 필요성을 일깨워준다. 페미니즘의 관점에서 볼 때 성별이 여자인 이가 아니라 그가 지닌 가치관과 태도, 실천의 방향이 여성적 원리에 입각하여 건강하게 전개되는 여성이 할당제의 도움을 입어 정치권으로 진입하는 것이 중요하다. 다른 미래를 꿈꾸기 때문에 여성의 정치를 말하는 것이지, 기득권 내부에 포섭되어 어떤 변화도 원치 않는 여성에게 '뱃지' 달아주려고 여성의 정치가 있는 것이 아니다.

누군가는 말한다. 온갖 특혜(?)를 주어도 경쟁력이 뒤처지는데 어쩌라는 말이냐라고. 하지만 그 특혜의 내면을 들여다보면, 정말로 그것이 특혜일까를 갸웃하게 만드는 상황이 펼쳐지곤 한다. 후보들의 성인지·성평등 인식을 점검하고 그에 입각한 정책능력을 평가하는 심사를 했다면 어떤 결과가 나왔을까.

여성 예비후보들이 비판받아야 한다면, 오히려 이른바 '경쟁력'이 아니라 이 여성들이 여성정치의 제대로 된 대안적 역할을 정치권에 설득하는 데 성공하지 못한 점을 지적해야 한다고 생각한다. 그것이 당사자들만의 노력으로 될 리가 없다. 예비후보들뿐 아니라 당내 기득권을 지닌 여성정치인들의 역할이 간절하고 또 간절한 이유다.

이제 노골적으로 이야기를 하자. 여자들이 극성이라 펜스Pence 룰이 유행한다고? 천만에, 스스로 펜스fence를 치고 그 안에 들어앉아 다가오는 미래를 두려워하는 성장지체defence가 있을 뿐이다. 이번 공천을 내가 반동이라 보는 이유다. 앞으로도 선거는 계속된다. 아직은 유권자 의식이 정치판의 성장지체를 인지하지 못한다 해도 다음 선거에도 그러리라고 믿어서는 안 될 것이다.

선거법이 성평등해질 때 일어날 일들

패스트트랙을 눈으로 볼 수 있는 곳이 있다. 공항의 이동통로나 환승거리가 긴 지하철역이다. 걸어가는 속도를 빨리해주기도 하지만, 가만히 서 있어도 이동시켜준다. 신속처리안건(패스트트랙)으로 지정한다는 것은 우리 현실에서는 후자의 의미가 훨씬 크다. 공수처법, 준연동형 비례대표제를 골자로 하는 선거법, 검경수사권조정법안 등 3개, 실제로는 4개 법안이 패스트트랙에 올라탔다. 지지고 볶아도 법은 만들어질 수 있게 되었다.

이 중에서 가장 중요한 법안은 뭐니 뭐니 해도 선거법이다. 법을 바꿔서 세상을 바꾸는 단 하나의 방법이 있다면 그건 선거법을 바꾸는 것이다. 예를 들어 완전연동형 비례대표제를 선택하고 국회의원 정수를 500명쯤으로 늘린다고 해보자. 당장 권위주의 약화, 지역감정의 소멸, 계급대표성 강화, 소수정당 약진 등의 변화가 일어날 것이 눈에 보인다. 총선에 정당투표 하나를 도입했을 뿐인 2004년 17대 총선에서 일어난 변화가 지금 현재 우리 국회의 기본 지형을 형성하고 있지 않은가. 여러 개의 정당과 다양한 대표자들이야말로 민주주의를 지탱하는 힘인 것이다.

하지만, 선거법 개정으로 표의 비례성과 대표성이 강화된다는 것은 이론적으로 옳고 실제로는 애매한 이야기다. 노동자대표성을 예로 들어보자. 울산 현대자동차 정규직 남성 노동자와 평택 식당의 비정규직 여성 노동자를 같은 사람이 대표할 수 있을까. 장애인 대표성을 생각해보자. 시각장애인과 발달장애인 중 어느 쪽에 더 대표성이 있을까. 게다가 대표성이라고 하는 것이 반드시 외적으로 어떤 정체성의 표지를 지닌 사람들을 대표하는 것은 아니다. 그래서 제대로 대표성을 확보할 수 있는 법 개정을 위한 각 정당의 노력이 중요하다.

21대 총선을 향한 더불어민주당 여성정치참여확대위원회가 공식적으로 출범한 것이 2019년 4월 30일이다. 위원장 김상희 의원은 페이스북에 "선거제도 개혁과 더불어 여성 정치참여 확대를 위한 선거법 개정안이 논의 과정 안에 담겨질 것"이라고 계획과 포부를 밝혔다. 여성은 인구비례로는 심지어 다수이면서도 대표적인 정치적 소수다. 여성의 대표성이 강화되고 정치참여가 늘어야 하는 가장 큰 이유가 바로 그 소수자성에 있다. 그렇다면 참여가 확대되어야 하는 여성은 어떤 여성일까. 단지 생물학적으로 여성이라는 것이 여성대표성의 골자일 수 있을까.

물론 생물학적 여성의 참여를 늘려야 한다는 것도 대단히 중요한 문제다. 가장 가까운 2018년 제7회 지방선거를 보면, 비례대표제에 힘입은 기초의회 여성의원을 제외하고는 여성의 진출은 오히려 뒷걸음질쳤다. 이미 각 정당의 공천 과정에서 여성이 배제되고 탈락했기 때문이다.

그럼에도 불구하고 공천의 벽을 넘은 여성기초단체장들이 탄생하기는 했지만, 그 과정을 숙고해보면 남성중심적인 제도와 방법으로 지탱되어온 정치라는 장에서 남성적 방식으로 경쟁해서 이겨야 한다는 본질적인 문제가 있다. 그런 불공정 경쟁에서 이길 수 있는 여성은 많지도 않고, 그렇게 이긴 여성이 여성정치의 대표자가 될 수 있을지도 명확하지 않다.

그러므로 선거제도 개혁을 고민하는 여성정치인들은 여성대표성이라고 하는 것의 바탕이 실제로는 소수자대표성이라는 것을 유념해주시면 좋겠다. 어떤 경우에도 보다 소수자이고 보다 약자의 처지에서 고민하고 입법할 수 있는 여성을 더 많이 의회로 들여보낼 수 있다면, 국민들이 끔찍하게 여기는 무도하고 패권적이고 막무가내이고 폭력적인 정치행태를 보이는 국회, 거의 난동 수준의 국회를 훨씬 덜 보게 될 것이다. 장담한다.

　　　　　　　　　　　　요즘 시대에 페미도 아니면 뭐해?

메르켈,
남자도 총리가 될 수 있나요?

독일 총리 앙겔라 메르켈이 총리직을 2021년까지만 수행하겠다고 발표하자 독일의 청소년들이 "남자도 총리가 될 수 있나요?"라고 당혹해했다고 한다. 이 소식이 오히려 나는 당혹스러웠다. 여성총리의 장기집권은 메르켈이 처음이 아니다. 이른바 영국병을 치유했다는 찬사를 받고 있지만 악명 또한 드높은 마가렛 대처도 메르켈보다 겨우 2년 짧은 11년 반을 집권했다. 하지만 대처가 물러났을 때 영국 청소년들이 남자도 총리가 될 수 있는가를 물었다는 소식은 들은 일이 없다. 장기집권 말고도 메르켈의 어떤 점이 독일의 청소년들에게 '총리는 여성'으로 그토록 각인되었을까. 박근혜 탄핵 당시 유령처럼 떠돌던 저주, "앞으로 여성대통령은 나오기 어렵다"는 말이 떠오르며 마음이 복잡해졌다.

　메르켈 평전을 쓴 매슈 크보트럽은 메르켈을 만든 것

은 "운명과 기질"이라고, 시인 노발리스의 말을 인용해서 평가했다. 온화하고 참을성 있는 메르켈 총리의 마지막 그리고 가장 중요한 업적은 100만 명에 달하는 시리아 난민을 받아들인 것이었다. 그것도 자신의 지지자들에 반해. 이 업적은 메르켈이 성장하면서 지녀온 가치관과 이상에 기인한 바였다. 메르켈은 독일이 강한 이유는 인도주의적이고 사해동포주의적인 사상을 지니고 실천할 수 있기 때문이라고 생각했고, 그것을 실천했다.

물론 그가 이러한 결단을 내릴 수 있게 되기까지 정치인으로서 거둔 성공을 도외시할 수는 없다. 유로존의 위기에서 유럽을 구하고 우크라이나 사태를 해결하는 등의 외교적 수완은 충실한 동료들과 협력하며 침착성을 발휘한 결실이었고, 이러한 메르켈에 대해 독일인들이 신뢰를 보여준 것이 메르켈 총리의 장기집권을 가능하게 했다. 그러나 그 모든 것을 덮고도 남을 만한 것, 은퇴를 선언하게 만든 정치적 몰락을 야기했지만 인류 역사에 남을 만한 업적이 바로 난민수용이다. 2015년 EU 지도자들이 수백만 명에 달하는 시리아 난민들 앞에서 국경을 막자는 회의를 하러 모였을 때, 메르켈은 말했다고 한다. "나는 오랜 세월 장벽 너머에서 살았습니다. 다시는 생각하고 싶지 않은 일이죠." 메르켈이 동독 출신이고 여성인 것이 아무런 영향을 미치지 않았을까? 크게 거론되진 않지만, 독일에서 임신중절 합법화를 이뤄낸 당사자가 바로 메르켈이었다.

동북아의 위기 속에서 대한민국의 입지가 점점 더 중요해지고 있는 지금, 메르켈이 보여준 여성적 리더십을 새삼 생각해보고 있다. 일단은 현명하고 교활하기까지 한 지도력이 먼저다. 그러나 그 아래 인간에 대한 사랑이 없었다면, 인류애에 대한 신념이 없었다면, 독일의 청소년들이 '여성총리'라는 말을 불변의 언어로 받아들일 수 있었을까.

대처가 죽었을 때 많은 영국인들이 축제를 벌였다. 같은 신념이라도 강자의 승리를 추구하는 신념과 약자의 생명을 돌보고자 하는 신념은 사람들에게 전달되는 온기가 이토록 다르다. 정치는 냉혹한 것이고 국가의 생존은 그 무엇에 우선해서 추구되어야 할 외교적 목표임에 틀림없지만, 엄청난 살상을 피해 쏟아져 나오는 난민들 앞에서 보여준 메르켈의 용기만큼 독일을 오래 살게 하는 것이 있을까. 아마도 많은 사람들이 이런 것을 모성적 정치라고 할 것이며, 모성이라는 말이 가장 긍정적으로 쓰인 사례라고 기억할 것 같다. 진정한 의미에서 돌봄과 살림의 여성적 원리를 실천하는 정치야말로 장기적으로 국가를 살게 한다는 것을 우리나라 정치에서도 보고 싶다.

은폐하려는 자들과
기억하려는 자들

기록 기억 장자연 일본 조선일보

대검찰청 과거사 진상조사단이 장자연 사건의 재수사를 권고하지 않기로 했다는 발표를 들었을 때 떠오른 것이 있다. 2019년 2월 25일부터 3월 20일까지 서울도시건축센터에서 열린 "기록 기억 : 일본군 '위안부' 이야기, 다 듣지 못한 말들"이라는 제목의 전시다.

서울대학교 정진성 교수를 주축으로 한 연구팀이 오랜 세월에 걸쳐 전세계에서 찾아낸 일본군 위안부 관련 자료들과 증언과 기록을 다양한 관점에서 보여주는 전시였다. 여기서 나는 오키나와의 배봉기 할머니와 관련된 강연을 들었다. 배봉기 할머니는 한반도에서 위안부로 끌려간 여성 중 최초의 증언자다. 그러나 우리나라에선 오랫동안 그 존재를 잊었다가 뒤늦게 알려진 분이다. 전시에서는 배 할머니처럼 잊혀졌다가 다시 기억의 이편으로 등장한 분들 이야기도, 미얀마로 끌려간 위안부들처럼

요즘 시대에 페미도 아니면 뭐해?

이동경로와 산발적인 기록자료들만 있을 뿐 증언은 전혀 없어 실제로 어떤 일이 벌어졌던 것인지는 오로지 유추할 수 있을 뿐인 이들의 사연도 있다.

이렇게 분명한 기록과 기억으로도 위안부 문제에 대한 일본의 사죄를 이끌어낼 수 없다는 분노에 조선일보 방 사장과 그를 감싼 검경을 단죄할 수 없다는 분노가 겹쳐졌다. 그러나 나는, 끈질기게 기록하고 기억하는 힘이 우리에게 있으므로 일본은 세계사적 악행의 기록을 사면받지 못하는 반인권적 국가로 역사의 법정에 거듭 소환된다는 사실을 떠올린다. 조선일보도, 그의 주구가 된 검경도 그럴 것이다.

용기 있게 자신의 피해를 증언했던 배봉기·김학순·김복동 들에 힘입어 우리는 시작했고, 지워지고 잊혀졌던 수많은 위안부들의 삶을 그 흔적을 다시 기록하고 기억하는 작업을 할 수 있게 되었다. 이 만행을 저지른 일본이 부정하고 은폐하고 회유하려는 끈질긴 노력을 하고 있어도, 기억하려는 사람들의 기록은 조금씩 진상을 향해 나아가며, 그 기록은 다시 새로운 기억을 만들어낸다. 잊지 않으려는 사람들의 노력이라는 기억이다.

장자연은 연예계의 성폭력뿐 아니라 언론권력의 정점에서 어떤 악행도 은폐할 수 있다는 위력을 과시하던 조선일보와 방 사장을 고발했고, 한국의 검찰이 사법정의가 아니라 조선일보에 복종했다는 증거로 남았다. 당장 법적 처벌을 못한다 해도 우리는 몇십 년을 두고 또 다른 '기록 기억' 전시를 할 거다. 장자연은 기록하고 증언했다. 그 기록은 바로 지금 우리의 기억이 되었다. '장자연 리스트 사건' 조사 및 심의 결과 보도자료는 새로 기록된 중요한 기록이다. 실제 보고서는 훨씬 자세할 것이지만, 보도자료만으로도 2009년 사건 당시 경찰과 검찰이 얼마나 수사를 회피했는지, 얼마나 중요한 관련자들을 숨기려 했는지를 알 수 있었다.

장자연이 남긴 문서에서 핵심적으로 거론된 가해인물은 셋이다. 기획사 사장 김종승, 조선일보 방 사장, 조선일보 방 사장 아들인 스포츠조선 사장. 이 가해자 리스트에 검찰과 경찰의 수사회피와 조선일보의 다양한 압력과 회유라는 사건이 추가되어 기록되었다. 앞으로 드라마와 소설작가들이 수시로 이 기록을 열어볼 것이고 우리는 검색순위에 이들을 올려놓을 것이다. 기억하는 힘은 우리의 무기다. 기록하는 힘은 우리의 처벌이다. 장자연과도 위안부 할머니와도 그 밖의 모든 고발자들과도 우리는 함께 한다.

요즘 시대에 페미도 아니면 뭐해?

4부
•

모든 폭력의
시작과 끝을
거부하며

악은 평범하다

한나 아렌트는 아이히만의 재판을 참관하며 고민에 빠졌다. 수많은 유대인들을 끔찍하게 살해한 총책 아이히만이 머리에 뿔 달린 악마가 아닌 그냥 평범한 사람이더라는 것. 그는 자신이 저지른 악행에 대한 자각이 없었고, 보편에 비추어 선과 악을 분별하는 능력, 다른 말로 생각하는 능력이 없는 무능한 사람이더라는 것 때문이다. 흔히 "악의 평범성"이란 말로 번역되곤 하는 "Banality of evil"이란 개념이 탄생한 경위다.

그런데 이때 "생각하는 능력이 없는 무능함"이란 말은 조금 조심해서 다뤄야 할 개념이다. 이는 바보같다거나 말 그대로 뭘 모른다는 뜻이 아니라, 자신의 행위를 반성하지 않는다는 뜻이다. "위에서 시켰으니까" 또는 "남들도 다 그러니까" 같은 변명 뒤에 숨어서 매일매일 저지르는 크고 작은 악행에 둔감해질 때, 악은 평범해진다. 모든 사회적 통념을 정말 그러한가라는 질문으로 바꿔보지 않는 하루하루가 흘러갈 때, 악은 평범해진다.

한샘 사내 성폭력 사건을 필두로 직장 내 성폭력 문제가 다시 거론되고 있다. 성폭력은 조두순 같은 흉악한 범죄자가 아니라 '멀쩡한 보통남자들'이 훨씬 더 많이 저지른다는 점을 우리는 알려 하지 않는다. 일상생활에 만연한 여성에 대한 몰이해와 남성중심적 성문화를 문제시하지 않는다. 내가 하는 짓이 바로 성폭력이란 것을 배우려 하지 않는다. 그래서 성폭력 남성은 평범하다. 유대인은 악하고 독일인은 선하니까 유대인을 공격하는 것은 아무 문제가 없다는 '다른 독일인들도 다 하는' 사고에 물들 때, 차별당하는 여성의 입장에 무지하고 그래서 유혹당해서 강간을 한 것이므로 여성이 꽃뱀이라는 평범한 생각을 '다른 남자들처럼' 뜻 없이 내뱉을 때, 악은 평범해진다.

성찰하려 하지 않을 때 가장 단순한 해법은 '폭로하고' '법대로' 하는 것이다. SNS에 폭로되고 경찰수사를 받게 되는 상황은 두려움을 주고, 아주 작은 생각의 계기를 만든다. 그래서 공론화의 중요성은 아무리 강조해도 부족하다. 수많은 잠재적 가해자들이 자신 안의 가해자성을 인식하고 성찰할 때까지, 떠들어야 한다. 왜 많은 남자들은 '강간범'을 욕하면서도 자신은 예외라고 생각하는지 모르겠다. 바로 너, 바로 당신의 그 안이함이 범죄의 시작이다. 그래서 악은 도처에 평범하게 널려 있다.

그러나 마지막으로, 저질러진 범죄를 처벌하는 바로 그 법을 집행하는 남자들이 평범할 때, 예컨대 여중생과 "결혼을 전제로 연인 관계를 이어왔다"는 주장의 실제를 성찰하는 능력에 무능할 때, 무슨 일이 실제로 벌어지는가를 고통받은 자의 입장에 서서 생각하는 일에 무능할 때, '법'조차도 악의 평범성에 물든다. 법원, 검찰, 경찰이 성폭력의 성격과 양상에 무지할 때 그들은 무능해진다. 평범한 악행을 저지른다. 그러면 악은 평범을 넘어서 잔혹해진다.

꼭 전쟁 같은 시기에만 아이히만들이 등장하는 것은 아니다. 아무데나, 그야말로 "세상 도처到處에 有아이히만"이다. 사회생활을 하다보면 지금 한국 사회가 여성들에게는 아우슈비츠에 끌려가기 직전인 유대인들의 게토처럼 느껴질 때가 있다. 너무 평범한 이야기다.

페미니즘의 방아쇠를 당기다

피해자에 대한 통념은 어떻게 구성되는가

최초의 #미투 재판인 안희정 사건은 다양한 생각거리를 남겼다. 1심에서 무죄였다가 2심에서 유죄가 되고 대법원에서 확정되는 과정은 그 자체로 성폭력에 대한 학습의 과정이었다. 1심 무죄선고가 내려졌을 때 여성들은 왜 분노했을까. 다양한 관심법과 하느님놀이스러운 지레짐작은 빼고 이 판결요지를 말하라면, "김지은 씨가 피해자처럼 보이지 않는다"가 남는다.

　남녀를 불문하고 상당수의 사람들이 이런 생각에 빠져 있다. 가해자측에서 제공하는 스토리는 사람들의 통념에 부합하(다고 여겨지)고, 피해자가 내놓은 이야기는 잘 납득하려 하지 않거나 다양한 의심을 하려 든다. 가해자의 스토리에 이상한 점이 있음을 깨닫고 느끼는 사람의 수는 적고, 구멍이 숭숭 나 있는 그 스토리를 자신의 통념과 상상력으로 메꾸며 실패한 연애사건으로 인식하려는 사람의 수는 많다. 선입견과 고정관념을 버리고 접근해야 할 재판부조차 통념적 사고에서 전혀 자유롭지 않다. 아니 적극적으로 부자유하다. 왜 이런 일이 생기는 걸까.

한 책에서 두 가지 정도의 답안을 얻는다. 한 가지는 여성에 대한 통념은 자연적으로 생겨나는 게 아니라 적극적으로 구성된다는 것과, 또 한 가지는 여성의 정체성에 대한 통제는 노동과 긴밀하게 연관된다는 사실이다. 김진희가 쓴 『페미니즘의 방아쇠를 당기다: 베티 프리단과 『여성의 신비』의 사회사』가 그 책이다.

『여성의 신비』는 우리나라 여성들에게도 퍼져 있는 여성다움이라는 신화, 주부신드롬 등의 비밀을 알려주는 책이다. 1960년대 미국 사회에서는 여성은 아내가 되고 여성다운 여성이 되는 것이 가장 중요하다는 사회적 통념이 지배했다. 그래서 수많은 여성들이 고등교육을 포기하고 가정에 안착했지만, 이 여성들은 뜻밖에도 공허함, 정체성 혼란 등 "이름 붙일 수 없는 문제들"로 힘들어했다. 베티 프리단은 인터뷰와 연구를 통해 이 문제들이 여성을 가정에 묶어두는 지배담론에 순응한 결과임을 밝히고 이를 "여성의 신비"라 이름지었다.

"여성의 신비", 명료하게 말하면 여성성을 신비화하는 일이다. '여성의 신비'가 시대정신이 되는 과정과 그에 공모하는 남성권력에 대한 베티의 통찰을 김진희의 서술을 따라가며 읽는 동안, 왜 안희정 1심 판결 같은 판결이 등장했는지를 알 것 같아졌다. 지금 우리 시대에도 비슷하게 벌어지는 일들.

책에서 우선 주목할 부분은 정치와 사회와 언론과 자본이 여성을 가정 내에 묶어두고자 공모하면서 베티를 비롯한 상층 여성노동자들의 노동권이 점차 박탈되어가는 모습이다.

이번 판결에서 내가 가장 심각하게 생각한 것은 여성의 사회적 노동에 대한 몰이해와 부정이었다. 정치인 수행비서의 임무가 원래 무엇이었든 아무 상관없이 일종의 여성서비스노동처럼 간주되었으며, 사회에서 여성이 일을 하기 위해서는 위력에 의한 성폭력을 감당해야 하고, 이상적 피해자로 인정받기 위해서는 노동대열에서 이탈할 정도의 적극적 저항이 필요하다는 판결을 했다는 점이다.

김진희 교수는 '여성의 신비'가 제2차 세계대전이 끝난 뒤 재편되는 경제질서 속에서 남성의 일자리를 위해 여성들을 희생시키는 정교하게 조작된 성별분업담론이라는 점을 베티의 생애를 추적하면서 보여준다. 여성은 전문가 노동자가 되는 대신 가정을 경영하는 우수한 소비자가 되는 것을 이상적 모습으로 여기게끔 조작된다. 바

요즘 시대에 페미도 아니면 뭐해?

로 그것이 '여성의 신비'다.

여성의 신비에서 피해자다움의 신비로

안희정 1심 재판부는 특히 아직 여성에겐 충분히 열려 있지 않은 대표적 영역인 정치분야에서 여성노동에 대한 몰이해를 공유하는 것으로 보인다. 베티의 『여성의 신비』를 읽지 않아도 '여성의 신비'를 둘러싼 문제들을 남김없이 파악하게 해주는 김진희의 저술에 힘입어, 여성을 단일한 정체성으로 묶어두는 것이 얼마나 중요한 국가와 자본의 책략인가를 잘 이해할 수 있었다. 그 단일한 정체성이 가장 두드러지는 것이 바로 성폭력 피해자로서의 정체성이다.

나는 우리 사회를 가끔 '성폭력 권하는 사회'라고 부른다. 엄청난 규모의 성산업이 존재한다는 사실이 말해주는 것은 여성의 성상품화와 성적 학대를 통한 착취가 버젓한 경제활동 영역이라는 사실이다. 성산업은 본질적으로 성폭력에 기반하여 유지되며 남성연대의 심리적 바탕 역시 성폭력적 공모다. 그랬을 때 성폭력 가해자를 보호할 수 있는 기제 없이는 이 공모가 견고해지지 않는다.

전쟁 뒤 귀향한 남성노동자를 위해 필요했던 것이 생산자남성 산업노동과 소비자여성 가사노동이라는 성별분업화였다면, 고도성장이 끝나고 고용이 줄어드는 시기에는 여성을 가정으로 돌려보내는 것만으로는 부족해진다. 이 때문에 기득권에 속한 남성과 탈락자가 된 남성 사이에는 다른 종류의 평화협정이 필요하다. 고용이 정체되고 노동의 가치가 절하되는 대신 허용되는 해피드럭(마약)이 성폭력이라고 말하면 심한 이야기가 될까. 아니 심하지 않다. 좀더 강력하게 말해야 할 필요를 느낀다.

일상생활의 안전 자체를 위협하는 성폭력에 대한 두려움은 만연한데, 실제 발생하는 사건들에 대한 공권력의 관대함은 도가 지나친 느낌을 준다. 여성들이 사법부라는 이데올로기적 국가기구의 성차별적인 성폭력 판결에 분노하는 것이 과연 오해 때문이기만 할까. 각종 판결에 세부적인 타당함이 혹시 있다 치더라도, 근본적으로는 그 판결 안에 담긴 가해에 대한 관대함과 피해에 대한 무감각을 인지하기 때문이다.

'피해자답지 않은 피해자'가 점점 늘고 있는 지금, '피해자다움'이라는 통념은 고발하는 여성의 피해자정체성을 문제 삼음으로써 피해가 발생했다는 사실을 소외시키고 은폐한다. 심지어 몰카범죄의 피해자가 되지 않기 위해 여성이 온갖 구멍을 틀어막아야 하는 지경에 이른다. 가해자들을 처벌하려는 의지만 있으면 간단해지는 해결을 말이다.

반복에는 반드시 의미가 있다. 1950년대 미국이 성별분업화를 추구하는 과정에서 현모양처 신드롬이라는 '여성의 신비'를 만들어냈듯, 2000년대 한국에선 순결한 피해자라는 '피해자의 신비'를 만들어내는 중이다. 한국 사회에서 여성은 '여성의 신비'와 '피해자의 신비' 둘 중 하나를 선택해야 하는 것처럼 보이기까지 한다.

'여성의 신비'가 요구하는 여성성의 특성인 수동적이고 여성다운 태도를 내면화하거나, 성폭력의 희생물이 되어 피해자다움을 내면화하거나, 양자택일을 해야 사회 내에 받아들여지는 것은 아닌가 싶기까지 하다. 이러한 통념, 많은 여성들도 지니고 있는 통념이 매스컴과 사회유력인사들인 변호사니 판사니 하는 사람들의 입과 케이블 TV의 시사토론프로들을 통해 재생산되고 있고, 이를 변화시켜야 할 정치권은 수상한 침묵에 빠져 있다. 만일 이 피해자다움을 거부하면 무슨 일이 일어날까?

피해자의 신비를 넘어 어떻게 살아남을까

피해자의 신비의 또 하나의 특성은, 피해자는 피해자다워야 한다는 것뿐 아니라 피해자이기에 비난받아야 한다는 뜻 또한 포함하고 있다. 피해를 당한 것 자체가 피해자의 과오라는 것이다. 피해자를 바라보는 같은 여성의 시각에도 상당한 정도로 가해자의 시선이 드리워 있다. '가부장제 사회'라고 너무 쉽게 이야기하지만, 성폭력

앞에서 그 말의 의미는 아버지의 시선으로 자기자신을 보는 것이 아니던가. 엄마도 아버지의 시선으로 '나'를 보고, '나'도 그렇다. 그럴 때 '나'는 도대체 어디에 있는가.

완벽하게 순결한 피해자라야 한다는 '피해자의 신비'는, 여성 피해자를 도리어 가해자로 만드는 데 일조하기도 한다. 여성답지 못하고 피해자답지 못한 모든 행동은 여성에게 오히려 책임을 묻는 핑계가 되고, 여성은 함부로 성폭력을 행사해도 되는 존재가 된다.

많은 남성들의 두뇌에 똬리를 튼 꽃뱀이라는 언어는, 남성 자신을 오히려 피해자의 자리에 놓고 성욕이라는 본능에 굴복하는 불쌍한 존재라는 서사를 만든다. 심지어 열 살짜리 어린아이를 유혹자로 간주하는 이 본능이라는 알리바이가 얼마나 심한 거짓말인지를 알면서도 입에 담을 수 있다는 사실, 끔찍하면서도 실소를 머금게 한다.

남성은 유혹당해 성폭력을 저지른 '알고 보면 피해자'라서 불쌍하고, 여성은 성폭력을 피하지 않은 '알고 보면 가해자'라서 잘못했다는 이상한 논리. 인터넷에 가득한 남성들의 아우성을 요약하면 이렇게 될 것 같다.

이런 매커니즘에 따라 행동한 자를 제대로 가해자로 불러내기 위해서 피해자가 무엇을 하면 될까? 장자연 사건에서 보듯이 죽음으로 항거해도, 그래서 명백히 피해자성을 인정할 수 있는 피해자가 되었어도 가해자를 처벌하기란 아직도 어렵다. 통념과 고정관념의 숲에서 가해자는 아주 쉽게 숨거나 사라진다.

그렇더라도 피해자다움이라는 통념, '피해자의 신비'를 이겨내야 한다는 게 아직은 내가 내놓을 수 있는 작은 대안이다. 피해자는 "나는 피해를 입었다"라고 말하는 사람이 아니라, "나는 가해를 고발한다"라고 말하는 사람이었으면 좋겠다. 여성을 주어로 놓고서 수동태로 말하지 말자.

그래서 가장 강력한 대안은 끝없이 항의하는 것이라는 생각을 한다. 사회적 약자의 이기는 방식은, 강자가 정말 어쩔 수 없다 생각하고 양보할 때까지, 즉 강자가 해결책을 찾아낼 때까지 계속 싸우는 것뿐일 때가 많다. 대화하는 순간 발언권은 넘어가고, 합의하는 순간 손해를 본다. 약자임을 극복한다는 것은 매순간 자신을 지배하는 강자의 논리를 인식해내기 위한 싸움의 과정이기도 하다. 최소한 피해자의 신비에 빠져 자신의 피해자성을 강조하는 것에 머물지는 말아야 한다. 어떤 곤경이 오더라도, 연대하는 수많은 사람들을 믿으며 싸워보자. 전혀 피해자답지 않은 피해자, 생존자가 되어보자.

안희정 재판의 1심 판결은 한국 사회에 페미니즘의 방아쇠를 다시 당기는 역설적인 기여를 했다. 베티 프리단의 『여성의 신비』가 미국의 당대를 지탱하던 중산층 여성들의 각성을 이끌어내었듯, 그 판결 또한 머뭇대던 여성들의 마음에 "이름 붙일 수 없는 분노"를 야기했다. 대부분의 통념 소유자들이 바라보는 지점과 전혀 다른 곳을 저절로 바라보게 된 여성들에게 방아쇠가 당겨졌다. 탕!

여'성폭력'방지라는 국가의 기본

여성폭력방지기본법이 제정되었다. 이 법은 개별법이 아니라 기본법, 즉 여성폭력과 관련된 모든 분야를 포괄하며 정책을 수립하고 관련된 법안을 만들 수 있는 토대를 닦는 법이다. 기본법이 제정된다는 것은 여성폭력을 개인적 문제가 아닌 구조적 문제로 바라본다는 인식의 전환을 의미한다. 실제로 여성폭력은 폭력을 당한 피해자가 우연히 여성이었던 것이 아니라, 여성이기 때문에 피해자가 되는 일이다.

지금까지 '여성에겐 국가가 없다'라는 말을 자조적으로 해왔다. 이 법 제정으로 명시적으로 국가와 지방자치단체의 보호책임이 생겨나는 것이다. 더불어민주당의 정춘숙 의원이 대표발의한 의안은 "여성폭력방지정책의 추진을 통하여 모든 사람이 공공 및 사적영역에서 여성에 대한 폭력(이하 "여성폭력"이라 한다)으로부터 안전할 수 있도록 하고 이를 지속적으로 발전시킴으로써 폭력 없는 사회를 이루는 것을 기본이념으로 한다"고 말함으로써 여성폭력의 근절이야말로 모든 폭력의 근절이 됨을 명시하고도 있다.

그런데 이때 '여성'이라는 말은 통념적으로 생각하듯 생물학적 여성만을 말하는 것일까? 왜 여성이기 때문에 피해자가 될까를 생각해보면, 그게 분명하지가 않다.

폭력을 당하는 것은 당연히 성차별 때문이다. 굉장히 오랫동안 세상은 남녀의 대립을 기본으로 하는 이분법적 세계관에 의해 움직였다. 이분법의 우월한 쪽에는 남성·백인·자본가 등이, 열등한 쪽에는 여성·흑인·노동자 등이 있다는 세계관. 차별을 당연한 것으로 여겼던 세계관.

그 세계관에 균열이 오고 무너진다는 것은 차별이 사라진다는 뜻이 되어야 마땅하지만, 실제로 일은 그렇게 진행되지 않았다. 흑인차별을 노골적으로 못하면 대신 멕시코 이민자를 차별하고 동양인을 차별한다. 여성을 차별하지 말라면 '못생긴 여성' '뚱뚱한 여성'을 차별하고 동성애자를 차별하고 트랜스젠더를 차별한다.

전세계적 위치에서 백인남성자본가, 즉 '킹스맨(신사)'이 아닌 사람들은 다 어딘가 부족하거나 결핍이 있다. 그래서 성차별은, 우리나라 사람들이 통념적으로 생각하듯 생물학적 여성 차별이 아니라 '킹스맨 아닌 젠더'에 대한 사회적 차별이다. 여성은 대표적으로 차별받는 가장 수가 많은 젠더일 뿐이다. 때문에 법안 원안은 '성평등'이란 말을 사용했다. 영문표기 젠더gender 와 한자표기 성性에 대한 납작한 해석을 풍부하게 바꾸는 것 또한 이 법안의 장점이었다.

그러나 법사위에서 "국가와 지방자치단체는 관계 법률에서 정하는 바에 따라 여성폭력 예방교육을 성평등 관점에서 실시한다"라고 되어 있는 19조 1항을 "양성평등 관점에서 실시한다"로 바꾸었다. 자유한국당의 반대 때문이다. 아마도 동성애 반대를 정부를 향한 공격의 무기라고 생각하는 듯하다. 모든 차별은 나쁘지만 어떤 특별한 차별은 예외라고 감히 말하는 꼴이다.

"그들(나치)이 공산주의자를 덮쳤을 때…"로 시작되는 유명한 뉘밀러의 시가 있다. 어떤 차별을 용인한다는 것은 결국 자기 자신에 대한 차별도 용인하는 것이 된다. 전혀 동성애자가 아닌 페미니스트들이 애써 '성평등'을 말하고 '양성평등'에 반대하는 이유다. 성차별을 국가의 기본법으로 금지하는 법률이 이제 시작되려 하는 만큼, 저 어두운 눈들도 장차 밝아지기를 빈다. 모든 폭력의 시작과 끝에는 성차별과 성폭력이 있다.

#미투의 올바른 경로

#미투 운동이 무서운 기세로 번진 까닭에 대해 생각해보셨나 모르겠다. 우리 사회가 그야말로 성폭력 권하는 사회라는 증명이 아니겠는가. 일단 봇물이 터지고 보니 아연실색할 이야기들이 마구 쏟아졌다. 더 나쁜 것은, 그 이야기들이 듣고 보니 우리가 이미 너무 잘 아는 바로 그런 이야기였다는 점이다. 이윤택은 "남성중심사회"의 "더러운 욕망"과 "관행"이라는 말로 자신의 문제를 요약정리했다. 놀랍도록 통찰력 있는 요약이다. 왜 성폭력을 권력폭력이라고 말하는가를 저 말들은 잘 설명한다. 한국 사회의 남성이라면 내남없이 다 저 세 가지 요소의 도움을 입어왔다.

유명인들이 성폭력을 폭로당하고 구속되고 하다보니 민망한 일도 많이 생겼다. 허구헌날 여성들에게 음담패설을 늘어놓고 난처해하는 걸 재미있어 하는 남성들이,

요즘 시대에 페미도 아니면 뭐해?

틈만 나면 성매매업소를 기웃대거나 마누라한테 버럭질하고 무시하는 남성들이, 입에 거품 물고 저 권력자들을 욕한다. 갑자기 도덕군자연하면서 "연애도 하지 마라"고 목에 힘을 주는 남성도 보았다. #미투가 어디까지 갈지 몰라서란다. 그냥 #미투가 뭔지 모른다고 하시지.

#미투가 내놓은 답변은, "세상이 달라졌다. 그러니 우리도 달라지자"다.

분명 여성들은 달라졌다. 가까이는 2015년의 메갈리안 운동과 #문단_내_성폭력 해시태그 운동, 멀게는 위안부 할머니들의 용기 있는 등장에 이르기까지 여성들은 소위 '남성중심사회'가 여성을 제물로 삼은 '관행'들이 어떤 방식으로 저질러지는지를 끊임없이 말해왔다. 거대담론으로도 말하고 구체적 고소고발도 했다. 심지어 고 장자연처럼 죽음으로 항변했다. 이제 겨우 들리기 시작하는 목소리는 실제로는 아주 오래전부터 외쳐왔던 그 소리다.

이 #미투는 몇몇 명망가들이나 권력자들을 단죄하고자 하는 운동이 아님을 정치권이 먼저, 빨리, 깨달아야 한다. 일시적인 반동이 몰아치고 재판부의 안이하고 비겁한 판단이 이어진다 해도, 이미 시대정신은 과거적 여성, 과거적 가족, 과거적 위계질서를 거부하는 데까지 가 있다. 이를 받아안아 실제적 변화로 이끌어야 할 책임, 소위 '공'은 정치권과 정부에로 넘어가 있다. 개개인이 폭로하고 소송하고 지루하고 기나긴 법정공방으로 피폐해지고 하는 일을 반복할 순 없다. 이제는 정부가 해야 한다. 그러자고 뽑은 민주정부다.

피해자 지원기구를 정부 차원에서 운영하고, 직장 내 성폭력 대응기구를 모든 기업에 설치하게 해야 하고, 징벌적 손해배상이 가능하게끔 의회가 법제정을 해야 한다. 모든 부서 모든 정책의 성평등 지수를 관리하는 컨트롤타워가 있어야 한다.

이미 존재하는 여성부가 그 역할을 제대로 할 수 있도록 예산과 인력을 대폭 투입해서 거대부서, 중심부서가 되게끔 해야 한다. 제대로 시대정신을 이끌 수 있는 부서가 되도록, 전정부적 차원에서 노력해야 한다. 문화부가, 복지부가, 환경부가 그런 경로를 거쳐 성장했다. 이제는 여성부가 성장할 차례다.

그리고 우리, 단체로 공부 좀 하자. 어떤 정치인이 유방확대수술 지원을 여성정책이랍시고 내놓은 일이 있다. 이런 어이없는 사고방식도 공적 판단에서의 #미투감이란 것을 좀 아셨으면 한다. 성숙한 근대사회로 나아가기 위한 가장 초보적인 인권의식이라도 좀 장착하자. 알고 보면 노동문제도 여성문제도, 기본 인권의식이 좀 갖춰지면 오늘날 이 지경까지는 되지 않았을 것이다. 그 첫번째로, 대통령께서는 여성부를 어떻게 지원해야 여성부 중심으로 컨트롤타워를 만들 수 있는지, 이 아픈 여성들과 함께 울면서 생각해주셨으면 좋겠다. 여기서 발 잘못 디디면 정말 파국이 온다는 위기의식을 지녀야 한다.

여고괴담 아니 여중괴담

스쿨미투라고 들어보셨어요?

무려 1990년대의 이야기다. 이제 막 대학에서 강의를 시작한 젊은 평론가가, "여학생들이 너무 예뻐서 정신이 산만해"라고 식사중에 말했다. 다른 평론가가 "좋겠다, 연애해라"고 맞장구를 치자 한 시인이 "제자잖아, 그게 무슨 소리야?"라 했고, 처음 말을 꺼낸 이의 "여자인데 어떻게 여자 아니게 봐?"라는 말에 다른 동석자가 "사람으로는 안 보여? 걍 사람이잖아"고 대꾸했다. 이런 옥신각신으로 술자리는 끝나버렸지만, 이때의 분위기는 거의 30년을 돌고 돌아 #문단_내_성폭력 해시태그 폭로로 나타났다. 대학뿐이었을까.

올해는 성폭력이 사회문제로 스포트라이트를 받은 한 해였다. 성폭력의 본질이 실제로는 성을 매개로 권력을 행사하는 폭력, 즉 상대를 내 맘대로 부리는 권력폭력이라는 것도 많이 알려졌고, 그 양상은 전쟁터에서부터 검

요즘 시대에 페미도 아니면 뭐해?

찰 같은 고위직까지 구분 없이 광범위하게 존재한다는 것도 많이 알려졌다. 성폭력이 사회로 진출하는 여성들의 첫 발목부터 잡기 시작한다는 것을 알려준 일의 이름은 #스쿨미투라고 부른다. 여중여고생들이 자신들이 겪은 성폭력을 고발하는 일에 붙인 이름이다.

스쿨미투를 전국으로 확산시킨 계기는 서울 용화여고 학생들이 지난 2018년 4월 6일 포스트잇으로 유리창에 "#WITH YOU, #WE CAN DO ANYTHING, #ME TOO"라는 글자를 새겨 세상에 고발한 일이었다. 오랜 세월에 걸쳐 학생들을 향한 성차별과 성폭력이 자행되어온 학교에서 학생들이 용기 있게 이 사실을 유리창 너머로 알려내었고 그 결과 18명의 교사가 징계를 받았다. 트위터에서 #스쿨미투라는 계정을 열고 교내 성폭력을 고발하는 계정의 수는 2019년 현재 전국에서 68개교에 달하고 그 수는 앞으로 더 늘어날 것이다.

성폭력의 피해자는 학생만이 아니다. 전교조 여성위원회가 페이스북에 개설한 스쿨미투 페이지에 첫번째 고발 글이 올라온 것은 서지현 검사가 성추행 피해를 폭로한 지 한 달 남짓 지난 2018년 2월 26일이었다. 고발 당사자는 경기도의 교사로, 교장의 성희롱을 고발했다. 2018년 12월 19일 현재 페이지에는 98번째 고발이 올라와 있다. 1번에서 98번에 이르는 고발의 글은 몇십 년 전의 사건에서부터 현재진행형인 일에 이르기까지 다양하다. 사춘기 소녀시절을 악몽으로 만들고 학교라는 가장 안전해야 할 공간을 흉기로 가득 찬 함정처럼 만들어버린 일이 30년 전에도 지금도 일어나고 있다.

스쿨미투의 80%가 사립학교에서 나왔다는 점도 눈여겨보아야 할 중요한 지점이다. 사학재단이 운영하는 교육기관은 유치원에서부터 대학까지 걸쳐 있지만, 사유재산권을 내세워 교육당국의 감독을 피해가는 행태는 다 비슷하다. 입시와 취업에 볼모가 되어버린 학생들을 언제까지 학교를 재산으로 여기는 사람들에게 맡길 건가를 거국적으로 고민할 때가 아닌가 싶다. 교육부는 학생 안전 문제 중 가장 중요한 일을 이 문제라고 생각해야 한다.

여고괴담 시리즈 여섯번째 영화인 〈여고괴담 리부트: 모교〉가 촬영에 들어갔다고 한다. 제목부터 '페미니즘 리부트'를 연상시키는 이번 영화가 구체적으로 어떤 악몽을 재현할지는 아직 모르지만, 그 어떤 공포보다도 더 소녀들의 영혼을 잠식하는 일이 성차별과 성폭력이라는 점에 충실한 영화가 되었으면 하고 기대한다.

연애와 성폭력, 그 이상한 거리

#미투당할 염려 없는 연애?

한참 언론에 #미투라는 말이 유행할 무렵, 페이스북에 돌아다니던 황당개그 중에 "#미투 때문에 연애를 못 하겠다"는 말이 있었다. 웃자고 하는 얘기지만 이런 얘기를 실제로 하는 사람들을 들여다보면 그냥 웃을 수만은 없는 경우가 생긴다.

20대 남자 비혼사람이 이렇게 이야기를 하면 "노력해봐요, 분발해봐요, 잘 배우면 좋은 결과 있을 거예요"라고 격려하고 싶다. 그러잖아도 말 걸기 무서운 여자사람에게 어떻게 접근을 해야 성폭력을 저지르지 않을 수가 있나. 단순히 무지해서, 또는 잘못된 관습을 배운 데서 오는 두려움은 제대로 된 학습을 통해서 얼마든지 변화가 가능하다. 선배 남성이나 선배 여성으로부터 물려받은 성역할 고정관념이 연애에도 그대로 통용되던 호시절은 갔지만, 그 호시절에도 연애 못하는 남녀사람은 많았다.

배우고 연습하고 노력해야 한다는 점에서는 예나 지금이나 다를 바 없다. 특별히 #미투, 좀더 정확하게 말하면 성폭력을 경계하는 페미니즘의 가르침이 연애를 방해하는 것은 아니다.

연애는 참으로 어려운 인간행위다. 그럼에도 너도나도 연애를 하고 싶어 하는 이유는 연애야말로 자아의 고집 안에 갇힌 인간이 껍질을 깨고 타자를 만날 수 있는 가장 훌륭한 경로라서다. 몰입과 열정이 저절로 따라오는 인간행위가 연애를 빼고 보면 그리 많지 않다. 젊음의 힘을 빌어서야 겨우 넘어설 수 있을 만큼 자아의 껍질이 두터운 현대인에겐 더욱 그렇다.

그러나 뜻밖에도, 나이도 먹을 만큼 먹고 가정도 있는 소위 '아재'들에게서 이런 이야기를 들을 땐 정말 난감하다. #미투당할, 다시 말하면 성폭력으로 고발당할 염려를 포함하는 것이 그분들이 상상하는 연애라는 말 아니겠는가. 나이 들고 결혼했다고 로맨스를 꿈꾸지 말라는 법은 없다. 하지만 실제 세상에서 연애라는 것은 책임과 예의가 요구되고 무엇보다 훈련이 필요한 일이다.

스스로 연애할 자격을 갖추는 훈련과 상대에게 기대할 것과 기대해서는 안 되는 것을 구별하는 훈련이 포함된다. 그래서 나이든 아재들의 로맨스 상상에 등장하는 연애가 이혼을 불사하는 정열이 아니라 자칫 #미투당할지도 모를 종류라는 고백은 참으로 부끄러운 이야기다.

다시 연애 못 하는 남성에게로 돌아가보면, 뜻밖에도 많은 남성들이 꿈꾸는 연애가 여성들이 보기에는 성매매나 성폭력에 좀더 가까운 경우가 많다. 여성을 대등한 파트너로 바라보는 인식이 현저히 부족한 것이다. 여성이 남성들의 연애를 위해 존재하는 것이 아니고, 더 나아가 남성들 역시 연애 안 해도 세상 사는 데 큰 문제없다. 그런데도 자신에게 '애인'으로서의 여성이 없다는 사실에 분노하거나 열등감을 느끼는 이들이 적지 않은 이유는 뭘까.

그것은 근대자본주의 사회의 남성에게는 적절한 연령대가 되면 여성이 주어져야 한다는 환상이 아직도 위력을 발휘하기 때문이다. 연애로 결혼하여 정상가족을 형성할 수 있는 것이 근대자본주의 사회 남성노동자의 권리이자 보상이라는 뜻이다. 이 말은 경쟁에서 성공한 남성에겐 보다 많은 보상의 일환으로 잉여의 여성이 주어진다는 것을 뜻할 수도 있다. 이미 혼인한 '아재'들의 착각은 여기서 기인하는 게 아닐까? #미투가 까발린 진실은 참 적나라하기도 하다.

화장실 몰카가
문제가 아니다

마약중독보다 위험한 불법동영상중독

SBS 〈그것이 알고싶다〉 1131회를 안 보신 분은 꼭 보시라. 어이가 없어서 입이 다물어지지 않을 것이다. 한 여성이 성범죄를 당하고, 그 장면은 강간범에 의해 고스란히 촬영된 다음 웹하드에 올려져 100원씩에 팔려나간다. 그런 영상이 있음을 알게 된 피해자가 해당 영상을 삭제하는 데 드는 비용은 1건당 55만 원. 결국 피해자는 자살하고, 그러자 그 동영상은 유작이라 이름 붙여져 다시 팔려나간다.

이 모든 일들이 사업의 이름으로 자행되고 있다. 동영상을 만드는 자, 올리는 자, 웹하드회사, 동영상을 못 올리게 필터링하는 기술을 지닌 업체, 그리고 마침내 삭제대행업체까지 쭉 이어지는 커넥션. 모든 단계가 사업의 외피를 쓴 범죄. 이토록 쉽고 수익률 높은 범죄가 또어디 있겠나 싶다.

당연한 의문이 든다. 두 가지다. 첫째로 이렇게 분명한 공급 라인이 왜 아직도 분쇄되지 않을까. 사이버상의 범죄이기 때문에, 정부가 나서면 생각보다 쉽게 분쇄될 수 있다. 방송에 등장한 필터링업자의 말에 답이 바로 나온다. 필터링 기술을 개발하여 경찰이 돌리면 된다. 성범죄 동영상을 올리는 웹하드 회사의 회선을 차단할 수도 있다. 문제는 너무 경미한 처벌, 범죄자들 당사자의 자백에 의존한 수사, 그리고 속임수.

둘째로 성범죄동영상 중독자 수준이 된 다운받아 보는 사람들 자체에 대한 의문이 든다. 한 성폭력 예방교육 강사는, 피해자 동의 없이 유출된 동영상을 보아서는 안 된다는 강의의 말미에 이런 항의를 들었다고 한다. "그렇다면 볼 것이 없다. 왜 보면 안 되나?" 흡사 고대 로마에서 죄수들을 사자에게 물어 뜯기게 하는 살인을 민중의 오락으로 제공하듯, 100원만 있으면 거기 진짜 사람이 있다는 것을 의식하지 못하는 많은 남성들의 시간이 성범죄 속으로 빨려 들어간다는 이 현실의 의미를 스스로에게 묻지 않는다.

그렇다. 지금 이 현상은 로마가 그랬듯 한 사회가 멸망해가는 징후다. 80년대 전두환 정권이 민중의 의식을 마비시키고 타락시키고자 의도적으로 3S정책이란 걸 펼쳤던 일을 기억할 것이다. 전두환의 통치전략이던 섹스와

스크린, 즉 포르노가 지닌 의미를 올더스 헉슬리의 『멋진 신세계』는 이렇게 해석한다. 그 책에 나오는 미래 세계에서는 임신으로 태어난 인간을 야만인이라 부르고, 시험관에서 태어난 인간을 문명인이라 부른다. 이 문명인들은 1%의 지배계급과 나머지 노동계급으로 나뉘어 처음부터 선별되는데, 노동자들에겐 지적 탐구가 허용되지 않는 대신, 일곱 살부터 섹스놀이와 촉감 포르노와 소마라는 이름의 마약이 제공된다. 고된 노동으로 신세계의 물적 토대를 유지해주는 대가로 노동자들은 섹스에 탐닉하고 마약으로 행복하다는 환상을 느끼며 살아간다. 마약과 포르노가 노동자들을 통제하는 적절한 도구라는 통찰력 있는 주장이다.

성범죄가 디지털성범죄 동영상이 되어 수많은 남성들의 의식과 행위를 잠식하는 이 현상을 보다 구조적이고 거대한 계급화의 조짐으로 경계할 필요가 있다. 자본가계급에겐 더 이상 노동자가 필요 없다는, 그래서 100원짜리 성범죄동영상에 탐닉하며 의식이 마비된 사람이 많을수록 좋다는 의미로 읽힌다. 이 끔찍한 상황에서 정부를 향해 불법동영상물이 산업화된 구조에서 이득을 얻는 자들을 처벌해달라는 청원은 인간을 위한 최소한의 것이다. 마약 단속하듯이 단속해야 한다.

평등이 아닌
생존의 문제입니다

사진 한 장이 나를 포획했다. 페미니즘의 시선으로 살펴보아야 할 구석구석 수많은 장소들을 젖혀두고, 디지털 성범죄 이야기를 자꾸 해야 한다고 요구하는 사진 한 장. 높이 쳐들린 피켓에 쓰여진 글은 이러하다.

"몇 년 전 한 줌의 재가 된 내 친구는 어째서 한국남자들의 모니터 속에 XX대 XX녀라며 아직 살아있는가"

어느 주말 광화문 광장에 등장한 피켓이다. 불법촬영 편파수사 규탄시위의 핵심을 이보다 잘 요약할 수 있을까. 여성들은 딱 읽으면 아는 이 문구가 무슨 뜻인지 모르는 남성이 설마 있으랴 싶지만, 간절한 마음으로 해설을 한다.

어떤 경로로 촬영되었는지 모르지만, 자신의 알몸이 인터넷 세상을 돌아다니는 것을 알게 된 이 위선적 도덕 사회의 젊은 여성이, 그 동영상들과 싸우다 싸우다 스스로 목숨을 끊었을 것이다. 한 여성이 죽고, 또 한 여성이 죽고, 영상은 삭제되었다가 '유작'이라는 이름으로 부활하여 또 돌아다니고, 누군가가 아니 누군가라 하기에도 거북한 압도적 숫자의 남성들이 이른바 '일반인 동영상'이라는 이름의 사이버성범죄동영상을 값싼 오락물로 다운로드받아 소장하며 낄낄거린다. 당사자가 죽음으로 거부하고 항의했던 바로 그 영상을.

이 글을 읽는 당신이 그런 동영상 탐닉자라면, 그래서 이 글이 당신을 비난한다는 느낌에 반성 대신 거북함을 더 많이 느낀다면, 악플을 100만 개쯤 달라. 대신 저 문구를 입으로 외어봐달라. 실제로 무슨 일이 일어난 것인지를 깨달을 때까지 입 속에서 굴려봐달라. 당신의 모니터 속에 'XX대 XX녀'로 등장하는 그 사람이, 바로 그러한 당신의 행위 때문에 이미 이 세상에 없다는 사실을 각성해달라. 고작 동영상 좀 본 일이 알고 보면 연쇄살인을 저지르는 일이 되고 만다는 그 정확한 연결지점을 저 문장은 말하고 있다.

이 글을 읽는 당신이 과년한 아들을 둔 부모라면, 제발 자식의 컴퓨터를 한번만 살펴보시라. 그런 것을 검열이라 생각하지 마시라. 자칫하면 당신은 건강한 사회인이 되어 이 어려운 세상을 헤쳐 나갈 능력을 기르는 데 바쁜 아들 대신 잠재적 살인에 공모하고도 무슨 잘못을 저질렀는지도 모르는 정신파탄자를 가족으로 두게 된다. 길게 대화하시라. 페미니즘을 이야기하라는 게 아니다. 인간 존중의 최소한을 이야기하시라는 거다.

더불어 살아갈 세상의 절반을 차지하는 여성의 삶 그 자체를 파괴하는 일에 동참하지 말라는 요구가 어찌 페미니스트들만의 일이겠는가. 그 수단이 성범죄라 해서 모든 것이 페미니즘의 이름으로만 단죄되는 것은 아니다. 페미니즘의 ㅍ자도 몰라도, 그런 개념이 생겨나기 전 시대에도, 그런 일은 잘못이었다.

참으로 안타깝다. 서로를 존중하고 자유롭고 평등한 사회를 이뤄내어 점점 힘들어지는 경제 환경을 인간답게 헤쳐 나갈 고민을 함께 해야 할 청춘들이 피해자와 가해자로 서로 부딪쳐야 한다. 나는 이 고통이 오랜 정치적 분단 상태, 잠시 쉬고 있는 전쟁의 끄트머리 우리 역사의 탓이라고 거창하게 탄식하고 싶지만, 또 조그맣게도 말해야 할 것 같다. 가장 개인적인 층위에서 인간답고자 하는 몸부림의 이름으로, 페미니즘적 평등 이전에 사람으로서의 생존을 가능하게 해달라고. 매우 '국가주의'적으로도 요청해본다. 국가가 해결하라. 제발 해결하라.

여자친구를 때려죽여도

청와대 국민청원란에 지난 2018년 1월 12일 이런 제목의 청원이 올라왔다. "여자친구를 때려죽여도 집행유예, 이건 정말 아니지 않습니까?"

청원의 개요는 이러하다. 여자친구를 폭행하여 살해한 남자에게 법원이 집행유예 판결을 내렸다. "피해자에게 다른 남자가 생긴 사실을 확인하고자 다그치는 과정에서 벌어진 우발적 범행"으로 보이며, "피해자 유족 모두 피고인을 용서, 처벌을 원치 않는다는 내용의 탄원서를 내는 등 피고인을 위해 할 수 있는 조처를 다했다"는 이유였단다. 분노한 한 여성이 청와대에 청원을 넣었지만, 1월 25일 새벽 청원에 서명한 사람 수는 2000명을 겨우 넘긴 상태였다. 1월 20일 올라온 "나경원 의원 평창올림픽 위원직을 파면시켜주세요" 청원이 불과 며칠 만에 20만 명을 훌쩍 넘긴 것에 비하니 무척 안타깝다.

법원이 '블랙리스트'라고 표기된 검정글자는 없지만 내심으로는 블랙리스트를 만든 문제와, 전前 국정원장 원세훈의 판결을 앞두고 청와대와 감정을 주고받진 않았지만 (교감하진 않았지만) 정보를 주고받기는 한 문제를 두고, 법원을 향한 국민적 분노가 뜨거운 가운데 일어난 저 판결은 법원의 근본문제가 무엇인지를 보여주는 상징적 판결의 하나라고 나는 생각한다.

블랙리스트건 청와대와의 교감이건 젠더폭력에 대한 무지이건, 그 배경이 되는 가치관은 강자와 약자를 나누고 강자의 논리와 의지를 정의로 보고 있다. "질투에 눈먼" 사내가 여인을 죽인 일은 이해할 수 있고 심지어 "우발적"인 것이라 판단하는 재판관의 내면풍경 속에 앉은 그 사람과, 동료 법관들을 블랙리스트에 포함시킨 그 법관의 내면에 숨은 사람은 동일인물이다. 심정적으로 강자의 편에 서 있는 사람.

그 강자가 때로 박근혜와 우병우의 청와대일 수도, "질투에 눈멀어 불쌍해진 그러나 불쌍해서는 안 되는" 그냥 남자일 수도 있다. 그 사람은 배척당하고 딱지가 붙는 동료나 살해당하는 여성의 내면과는 '교감'하지 않는다. 가정폭력 또는 데이트폭력의 피해자가 남자일 때는 다시 말해 여자가 가해자일 때는 그 "우발성"이라든가 "정당방위" 같은 것이 받아들여진 사례가 별로 없다. 매우 본질적 층위에서 작동하는 성차별이 법관의 판결에 무의식적 영향을 미쳤다고 말하고 싶진 않지만, 사실이 그러하다.

안타깝다. 살해당한 여성의 입장에서 생각하는 것은 오로지 청원자들뿐만일까. 심지어 피해자의 가족들도 '탄원서'라는 것을 썼다고 한다. "선처를 바란다"라는 문구가 들어가 있는 상투적 탄원서가 어떻게 작성되었는지 경로를 대강 짐작하거니와, 피해자의 죽음은 이렇게 해서 다시 아무런 의미 없는 죽음이 되어버린다. 가족이 죽은 사람을 대신해서 용서할 수 있는가라는 문제는 다음 기회에 살피기로 하고, 법원이 사람을 "때려죽이는 폭력" 조차도 "질투"라는 핑계가 있으면 "남자에 한해" 쉽사리 "선처"한다는 사실에만 주목한다.

청원목표 달성과 관계없이, 청원이 청와대 사이트에 올라갔다는 그 의미를, 그리고 "왜 이런 말도 안 되는 판결이 나오고, 이런 범죄가 근절되지 않는지 대책을 강구해주십시오"라고 하는 청원서명자들의 간곡한 요청을 사법부는 무겁게 받아들여야만 한다. 세상이 아무리 변해도 법원이 억울한 사람을 도와야 한다는 진리는 변함없다. 이제는 정말로 진리에 살아보자.

리얼돌과 섹스로봇

인간은 피조물인 인형을 사랑할 수 있을까

리얼돌을 둘러싼 공방이 거세다. 쟁점은 크게 두 가지로 보인다. 여성 닮은 성기구는 여성의 성적 대상화인가 아닌가라는 미시적 문제와 섹스와 인간다움은 분리될 수 있는가라는 거시적 문제다. 현실적으로 실제 인간과 구분할 수 없을 정도의 성기구인형을 만들어내는 데는 아직 멀었기 때문에 말 그대로의 리얼돌은 가능하지 않다는 주장이 있지만, 그와 별개로 리얼돌이 환기시키는 성적 환상은 이미 여성들의 존엄을 침해하고 있다.

기이하게도 피그말리온 서사를 필두로 인류의, 아니 남성의 오랜 상상력은 언제나 리얼돌을 꿈꾸어왔다. 주인님을 사랑하되 주인은 그에게 책임을 지지 않아도 되는 존재로서. 핵심은 바로 이거다. 사람과 닮았다는 것이 주는 위험은, 사용자/소유주의 인간에 대한, 아니 여성에 대한 관계맺기의 능력을 궁극적으로 파괴할지 모를 위험이라고 나는 생각한다. 현재 그것은 대부분 여성의 형상을 하고 있다. 리얼돌로 자위하는 사람이 진짜 여성과 제대로 섹스할 수 있을까. 아니 진짜 여성을 인간답게 대할 수 있을까.

이 점을 문제시하는 사람들과 감도 못 잡는 사람들 사이의 간극이 리얼돌 논란에서도 고스란히 보인다. 더 심각한 것은, 리얼돌이 허용될 경우 성인 크기의 인형만이 아니라 누가 보아도 어린 소녀처럼 보이는 인형도 유통될 것이 틀림없다는 사실이다. 인형을 상대로 아동성폭행을 재연하는 일이 되는 이 사태를 아무런 문제의식 없이 생각하는 사람들 중엔 심지어 국회의원도 있다.

문득 오래전 본 영화 〈A.I.〉에 나온 주드 로가 기억났다. 그는 영화에서 매우 인상적인 섹스로봇 역할을 맡았다. 그것도 여성을 위한 섹스로봇이다. 영화에 등장하는 섹스로봇은, 자신의 아내가 섹스로봇과 관계했다는 이유로 살해하는 인간 남편과 대비되면서 질문을 낳는다. 왜 그 여성은 남편이 아닌 섹스로봇을 택했을까.

스필버그는 질문한다. 인간은 그의 피조물을 사랑할 수 있을까? 영화에서는 인간을 순진무구하게 사랑하도록 프로그램된 아동로봇과 관련해서 주로 질문이 제기되지만, 섹스로봇에게도 같은 질문을 할 수 있다. 여성 고객의 남편이 그녀를 죽이려고 할 만큼의 질투와 분노를 느낀 것은, 남성형 섹스로봇과 여성 고객 사이에 감정적 애착이 발생했기 때문이라고 볼 수 있다.

그런데 인공지능을 장착하고 인간과 구분되지 않을 만큼 정교하고 정서적인 섹스로봇 말고, 여성의 형상을 하고 리얼이라는 수식어가 붙어 있지만 스스로 작동하지도 않는 '돌doll(인형)'은 그 소유주에게 어떤 대접을 받을 수 있을까. 몇몇 리얼돌 옹호자들은 리얼돌도 단지 물건이 아니며 반려동물들처럼 아낌을 받든지 인격으로서의 대접을 받을 수 있다고도 말한다. 정말 그럴까? 실제 인간 여성한테도 인격적 대접을 못하는 사람들이 우글거리는데?

기술의 발전이 실제로 섹스로봇을 만들어낼 수 있는가와는 별개로, 스필버그가 그려낸 것은 현재 논란이 되고 있는 리얼돌과는 사뭇 다른 존재다. 여성을 위한 남성 형상이란 것뿐 아니라, 인간과 비슷하다는 것에 머물지 않고 "인간이다"라고 느끼게 한다. 그 섹스로봇에게는 어린 소년을 보살피는 어른남성으로서의 능력이 있다. 이는 섹스로봇의 기능을 초월하는 것이지만, 감정을 서로 나누고 배려하는 마음은 분할할 수가 없다.

사랑과 감정은 로봇과 인간의 경계를 뛰어넘는다. "살려달라"고 울부짖는 데이비드(아동로봇의 이름)를 본 군중들이 데이비드를 로봇파괴 게임의 희생물로 삼으려는 인간에게 돌을 던진 연유다. 〈터미네이터 2〉에서 인간의 아버지 노릇을 한 로봇만큼이나 인간남성사회에 위협적인 존재가 〈A.I.〉의 섹스로봇은 아닐까 하는 엉뚱한 생각도 든다. 기존의 남성성이 가리키는 방향이 지금과 같다면 남성을 섹스로봇으로 대체하는 사회가 오지 않는다는 보장이 있을까. 그런 사회를 과연 남성들은 동의할 수 있는지.

〈A.I.〉는 묻는다. 인간은 피조물을 사랑할 수 있을까? 그리고 나도 묻는다. 사랑할 수 없다면 섹스는 다 무슨 소용일까? 오로지 섹스만을 위해 여성 형상을 만들겠다는 발상 자체가 이미 성폭력을 상상하는 일이 된다고 어떻게 알려야 할까.

요즘 시대에 페미도 아니면 뭐해?

함무라비 법전이
부활해야 할까?

베트남 아내 구타사건을 보며

TV를 보던 남편이 갑자기 말한다. "저저저, 그거그거, 뭐더라 그그."

나이가 좀 되니까 우리 부부한테 공통적으로 나타나는 말더듬 현상이다. 나는 별 어려움도 없이 답한다. "함무라비 법전."

이렇게 쿵짝이 맞는 이유는 한 가지다. 우리가 보고 있던 뉴스에 아내를 구타하고도 "맞을 짓을 해서 때렸다. 다른 남자들도 다 동감할 것"이라고 말하는 남자가 나왔고, 둘 다 '저 아득한 무지몽매를 도대체 법으로 어떻게 교화를 하지'라는 생각을 하는 중이었음이 분명하기 때문이다.

"함무라비 법전식으로 하면, 저 XX 저거는 지가 때린 만큼 매우 처 맞아야 돼. 때린 횟수만큼 손가락을 잘라버리던가."

이번엔 내가 더듬는다. "함, 함, 여튼 함식으로 하는 건 당대 맥락에선 굉장히 선처한 거래. 죄지은 만큼만 벌하기. 그전엔 너무 쉽게 지나친 처벌을 했으니까."

"그래서 다시 함무라비식 처벌이 필요하다는 거야. 지가 뭘 얼마나 잘못했는지를 모르잖아."

물론 우리 부부의 이런 대화는, 더듬는 말만큼이나 답답해서 하는 이야기에 지나지 못한다. 사건 자체는 이미 널리 알려진 이주민아내 폭력이다. 하지만 솜방망이 처벌, 상습 폭력, 변화하지 않는 낙후된 인식 등등의 문제가 되풀이되면 어떻게 될까. 과연 '우발적으로' 아내나 애인을 죽인 남자들은 '선처'를 받아 풀려나오고, 여기저기서 매일 여성들이 죽고 자살당하고, 여전히 동남아 등지에서 아내를 '사오는' 농촌남편들이 수두룩하고, '다문화' 며느리와 고부갈등 이런 이름의 TV예능 프로그램에서는 한국의 낙후된 가부장 문화에 적응 못한다고 외국인 며느리들을 닦달한다. 또는 시대를 이해 못한다고 시어머니를 닦달하거나. 이게 그냥 고구마 100만 개라는 표현으로 해소되는 문제일까.

'자경단'이라 이름붙임직한 사적 복수자들이 등장하는 영화들이 집중적으로 만들어진 시기가 있었다. 리암 니슨을 세상에서 가장 무서운 아버지로 등극시킨 〈테이큰〉 시리즈가 대표적이다. 법이 꼭 가혹해야 할 필요는 없지만, 옳고 그름과 해서는 안 될 일과 정상참작할 일을 구분하지 못할 때, 우리를 대신해서 공권력이 문제를 제대로 응징한다고 믿기 어려울 때, 상상으로나마 사적 복수가 카타르시스를 준다. 하지만 실제 자경단이 생겨난다면, 아마도 그것은 공포가 지배하는 시대로의 퇴행이 될 것이다. 상상으로만, 영화로만 하고 마는 이유다.

사적 복수의 가혹함을 공적으로 금지한 것이 바로 함무라비 법전의 정신이라고 나는 알고 있다. "이에는 이로 눈에는 눈으로." 상대의 신체에 위해를 가하면 가한 그만큼을 벌한다. 단 사인(주로 피해자의 가족·친구·동네사람들 등)이 아니라 공권력이. 그나마 공권력에 의한 신체구타도 법에서 점점 사라지는 추세다. 21세기라는 시대정신은 하나의 몸이 다른 하나의 몸에, 하나의 정신이 다른 하나의 정신에 폭력을 가해서는 안 된다고까지 발전·성장해 있다.

이런 시대에 다시 함무라비 법전이 부활해야 하지 않을까 하고 분노를 표출하는 일이 계속 일어나다니. 피해자가 여성, 아동, 사회적 소수자, 나중에는 정치적 반대자에 이르기까지 확장되면 어떻게 할 건가. '맞을 짓' '다른 남자들도 공감' 따위 말 뒤에 숨지 못하도록, 계몽의 깃발이 다시 필요하려나.

난민難民과 난민亂民

상상된 공포는 실재가 아니다

2018년 제주도에 500여 명의 예멘 난민이 들어오자 온 나라에 그들을 배척하려는 광풍이 휘몰아쳤던 일을 복기해본다. 이들을 내쫓아야 한다는 청와대 국민청원이 등장한 지 불과 일주일 만에 무려 30만 명의 동조자를 얻으며 한국인의 양심에 칼을 겨눈 날은 심지어 세계 난민難民의 날이었다. 청원인은 "대한민국이 난민 문제에 대해 온정적인 손길을 내줄 수 있는 위치에 있는지까지도 의구심이 듭니다"라고 썼다.

그런데 유엔난민기구는 6·25전쟁 때 한국전쟁에서 발생한 난민을 돕고자 만들어진 유엔한국재건단UNKRA이 그 모태다. 문재인 대통령이 6·25전쟁 난민이었다는 것도 알려진 사실이다. 전세계의 도움으로 전쟁의 참화를 견디고 경제대국이 된 나라가 대한민국이다. 이보다 더 난민에 온정적인 손길을 내밀기에 명백한 위치가 어디

요즘 시대에 페미도 아니면 뭐해?

있을까. 지나치게 역사를 모르면 이런 우스꽝스러운 일을 벌일 수도 있나보다.

예멘 난민 배척의 배후에 이슬람 혐오라는 인종주의가 도사리고 있다고 많은 분들이 지적을 했다. 막연한 피해심리도 있다. 머릿속에 구축된 허구적 무슬림의 이미지가 실제 난민들에 대한 배제 폭력을 정당화할 수 없음은 물론이다.

특히 내 마음을 아프게 하는 것은, 일부 여성들이 이 인종차별적 행위에 동참하고 있다는 사실이다. 2000년 미국이 아프간을 침공했을 때, 탈레반이 저질러온 끔찍한 여성박해를 중단시킬 기회라고 이 침공에 찬성했던 일련의 페미니스트들이 있었다. 실제로 탈레반의 여성박해는 처참했지만, 미국의 침공이 이슬람 문화권 여성들의 자구적 노력을 도왔다는 소식은 들어본 일이 없다. 아프간 여성을 구해야 한다는 명분은 침략을 정당화하기 위한 거짓 명분이었을 뿐이다.

이번 예멘 난민들을 두고도 비슷한 방식으로 혐오를 이용하는 사람들이 있다. 여성을 위한다는 명분으로 아프간 침략에 동조하고, 여성에게 공포를 준다는 명분으로 예멘 남성을 배격한다. 약자이고, 고립되어 있고, 자기 땅에서 쫓겨나 아무런 보호장치도 없이 타인들의 온정에 내맡겨진 사람들을 왜 그렇게까지 두려워해야 할까. 그들이 저질렀거나 저지를 것이라고 단언할 수 없는 범죄에 대한 공포를 들이미는 것은 아무리 생각해보아도 과장이다.

나는 최근 폐쇄된 음란사이트 '야딸TV'에 가입한 무려 85만 명에 달한다는 한국 남성 회원들이 500명의 예멘 남성들보다 85만 배는 두렵다. 비공개촬영회라는 것이 언론에 소개되자 '출사(촬영회에 참가하는 일)'를 가고자 벌떼처럼 달려든다는 남성들이 더 두렵다. 아동대상 성폭력 사이트의 운영자와 악성 이용자들 상당수가 한국인이라는 사실이 더 절망적이다.

이들은 전란과 고통을 피해 떠도는 난민難民이 아니라, 세상을 어지럽히고 불안하게 만드는 난민亂民이다. 예멘 남성들에게 모든 문화가 다 지니고 있는 여성혐오의 죄과를 뒤집어씌워 배척한다고 해서 이런 실제 범죄적 인간들이 면책될 수 없다.

한밤중 올라탄 택시에서 느끼는 공포, 밀폐된 공간에 남성과 단둘이 있을 때 느끼는 공포가 난민 남성에게로 곧바로 투사되는 비밀이 뭘까. 남성 일반에 대한 구성된 공포가 실재하는 약한 난민 남성들을 박해하는 명분이 되고 있다면, 피해자로 존재하는 여성이라는 이미지 자체를 다시 검토해야 하는 것이 아닐까.

제주도는 난민의 땅이었다. 오랜 세월 동안 육지에 난

이 발생하면 피난처가 되었지만 정작 4·3 이후 일본으로 오키나와로 도망쳐야 했던 난민들의 빼앗긴 고향이기도 했다. 그 제주도가 품어 안고 있는 난민難民들을, 상상된 공포로 배제하는 난민亂民이 되어서는 안 되겠다. 실존하는 인간을 향해 구체적으로 손 내미는 일이야말로, 두려움을 이기고 인간다움을 이룩하는 길임을 우리는 사실 모두 알고 있지 않나.

그들은 왜 2차가해를 할까

두려움이 낳은 반동

서지현 검사가 용기를 내어 성폭력 피해사실을 공개한 이래 한국 사회에선 다양한 형태의 고발이 이어지고 있다. #스쿨미투라는 이름이 붙은 청소년들의 고발에 이르면, 성폭력이 한국 사회를 지탱해준 폭력의 밑바닥임을 실감한다. 잘디잘게 쪼개어져 모든 분야에 침투해 있어 저항하기도 대항하기도 정말 쉽지 않다. 가부장제의 다른 이름은 가노예제가 아닐까. 여성을 노예로 삼을 때 손쉬운 도구가 성폭력이다.

가정폭력을 필두로 국가의 공인받은 폭력을 다루는 집단인 검찰 내부의 성폭력, 대의민주주의를 지탱해내는 정치 분야에서 벌어지는 성폭력, 다음 세대를 교육해서 공동체의 질서와 번영을 터 닦는 학교 사회의 성폭력, 영혼의 구원을 말하는 종교계 인사들의 성폭력. 그뿐이랴. 문화계, 체육계, 언론방송계 등등, 공공 영역의 콩알만한

요즘 시대에 페미도 아니면 뭐해?

권력이라도 발생하는 곳에서는 어김없이, 흡사 성폭력 없이는 권력도 없다는 듯 공공연하게 자행되어왔다. 이미 낡아버린 제도를 지탱하는 데 꼭 필요했기 때문이다.

#미투는 이 소규모이고 은밀한 그러나 광범위하기 짝이 없는 폭력을 하나의 이름으로 묶어 공동의 문제로 만들어내는 데 성공했다. 내 문제가 동시에 모두의 문제라는 깨달음이 여성들을 결속시키고 피해자에서 고발자로 나서게 했고, 젠더 구분 없이 많은 이들을 연대자로 함께하게 했다. 변화의 물꼬를 텄다.

#미투 말하기는 혁명의 모든 특성을 다 가지고 있다. 의미와 목적, 과정에서 발생하는 끝도 없는 반동, 그러나 한 사람 한 사람 내미는 손들의 결속이 준비하는 다음 단계로의 도약.

아렌트가 말한바 '자유를 위한 새로운 시작'인 미국·프랑스 혁명, '민주와 자유가 우리의 목적'이라 외치며 총칼 앞에 섰던 4·19의 청년들, 혁명은 집단의 행동처럼 보이지만 한 사람의 심장에서 솟아올라 옆 사람에게로 번지는 봉기의 불길은 #미투에서도 똑같다. 나의 자기결정권은 존중받아야 하며 그것이 침해되었을 때 너를 국가의 이름으로 처벌할 수 있어야 한다. 그것이 자유freedom이고, 민주주의이며, 평화다.

이 세상에 단 한 번 봉기해서 성공하는 혁명은 없듯이,

반동은 필연적이다. #스쿨미투의 경과를 보면, 고발되었던 교사가 제대로 처벌되지 않고, 고발자들의 신원이 노출되고 협박당하며 사건 자체가 은폐되는 일이 비일비재하다. 최근 1, 2심에서 유죄판결을 받은 가해자들이 이미 법정에서 기각당한 사실들을 다시 거론하며 피해자를 괴롭히는 일들이 발생하는 것 또한 일종의 공식이다. 낡은 권력의 방식은 결국 그 지경일 수밖에 없어서다. 권력을 그냥 내어놓는 권력자는 없다. 회개하고 반성하는 것보다는 다시 악을 저지르는 일이 더 수월하고 효과가 있다고 믿기 때문이기도 하다.

그러나 초기의 선정주의적 호기심이 가라앉고 나면, 2차가해의 효과는 '저 자가 진짜 가해자다'라는 증거를 남기는 것뿐이다. 최근 억울함을 강변하며 이미 법정에서 결론이 난 가해사실들을 부정하는 가해자들을 보도하는 언론의 변화를 보아도 그렇다. 일단 보도 자체가 줄었고, "2차가해를 저질렀다"는 논평이 붙는다. 이런 변화를 피해자들에게 알리고 싶다. 세상이 차츰 달라지고 있음을 알아달라고. #스쿨미투의 가해자와 방조자들에게도 말하고 싶다. 당신들은 늙고 피해자들은 자란다. 누가 이길 것 같은가.

요즘 시대에 페미도 아니면 뭐해?

아이캔스피크

〈아이캔스피크〉는 미덕이 많은 영화다. 그중에서도 내가 주목한 것은 두 가지, 하나는 위안부를 바라보는 방식이고 또 하나는 성폭력 피해자를 바라보는 방식이다. 이 두 가지가 하나로 겹치는 대목이 가장 큰 미덕이다.

1990년대 초반 일본군 '위안부'의 존재가 드러나기 시작한 이래 사반세기가 흘렀지만 우리 사회가 위안부 문제를 충분히 성찰했는지는 알 수 없다. 이런 가운데도 '위안부' 문제를 불러내는 영화가 거듭 만들어지고 있는 것은 진일보다. 다만 지금까지 우리 영화가 위안부 서사를 취급하는 방식은 강력한 피해자 서사였다. 폭력적인 강간장면, 잔혹한 전쟁상황과 끌려가는 소녀들이라는 전형적 장면들이 반복되었다. 주인공은 오랜 세월이 흘렀어도 여전히 그 시절의 악몽에 사로잡힌 존재로 묘사되기 일쑤다. 관객은 복수와 해원解冤의 의무를 짐 지고 극장을 나서게 된다.

이런 방식은 일본군 위안부 문제를 잘 모르던 사람들에게 사실을 알리고 민족감정을 격발시켜 일본의 전쟁책임을 환기하고, 위안부 문제에 사회가 책임감을 지녀야 한다는 당위를 일깨운다. 그러나 그 당위는 '민족의 딸, 우리의 소녀들이 외세에 능욕당했다'라는 생각에 머무르기 일쑤고, 피해자들 개인의 독자성을 뭉갠다. 위안부 문제의 중요한 본질인 성폭력은 민족 대 민족의 착취라는 '보다 거대한' 문제에 가려지고 여성은 민족의 소유물 신세를 못 벗어난다.

강간행위 중심의 피해자 서사가 야기하는 문제 또한 매우 크다. 위안부들이 겪은 폭력을 '성행위'로 바라보는 무지가 아직 우리 사회에 횡행한다는 점을 간과한다. 이 무지는 빠른 속도로 위안부 피해자들을 '화냥년' 서사에로 편입시킨다. 민족적 분노를 약화시키려는 세력들이 위안부 문제를 '제 발로 돈 받고 간 성매매여성' 서사로 밀고 갈 때, '순결한 딸' 서사는 얼마나 무력한가. 물 컵에 떨어진 한 방울 잉크처럼 쉽게 오염된다. 파면 조치가 내려진 순천대학교 모 교수의 발언이나 연세대 류석춘 교수, 『반일종족주의』를 쓴 이영훈 교수 등은 그 작은 예에 불과하다. 성폭력에 대한 무지야말로, 위안부 문제를 바로 보지 못하게 하는 중요한 방해요소다.

〈아이캔스피크〉가 보여주는 남다른 미덕은 또 있다. 옥분 할머니의 과거를 알고 오열하는 전주댁이 등장했을 때, 이 영화는 기존의 서사를 훌쩍 뛰어넘어 지금 고통받는 성폭력 생존자들의 옆으로 다가왔다. '민족적' 상처가 아니라 한 여성의 몸과 마음이 입은 상처를, "얼마나 아팠을까"라며 함께 우는 공감의 능력이 등장하는 것은 정말 놀라운 발전이다.

　　〈아이캔스피크〉는 주인공 옥분 할머니를 위안부라는 기억의 표지로 소환하지 않는다. '험한 꼴'을 당하고 가족에게도 외면당한 여자사람이 등장하지만, 그 여자사람은 과거가 아니라 현재에 살고 있다. 그 여자사람이 집단의 종속물이 아닌 한 개인으로 자신이 하고자 하는 일 앞에 섰을 때, 그로써 스스로를 바라볼 때 말이 등장한다. 주인공 옥분은 남동생이 보고 싶고 친구를 대신하고 싶어서 영어를 배운다. 이 동기는 사소하다. 그러나 강력하다. 아이캔스피크, 이 외침이 모든 페미니즘 발화의 시작점인 이유다. 나는 말할 수 있는 사람이다. 여성이 피해자로서 침묵하지 않고 입을 열어 외칠 때, 성폭력의 끝이 보이기 시작한다.

타임투킬, 상상하십시오

여기 한 아버지가 있다. 그의 딸은 불과 아홉 살. 심부름을 가던 길에 불량배를 만나 참혹하게 강간하고 중상을 입는다. 그런데 이 소녀는 흑인이고 강간범들은 흑백차별이 극심하던 시절의 백인이다. 그 아버지는 범인들이 제대로 처벌받지 않고 곧 풀려나 거리를 활보할 것이라는 사실에 분노하여 직접 처벌을 한다. 영화 〈타임투킬〉의 시작이다.

살인죄로 잡힌 흑인 아버지의 청으로 변호를 하게 된 초보 (백인) 변호사 브리갠스. 온 고을의 백인들이 똘똘 뭉쳐 심지어 변호사의 가족에게까지 위해를 가하는 삼엄한 상황이 전개되면서 클라이막스인 최후변론이 다가온다. 이제 여러분이 배심원이라고 상상해보라.

변호사 브리갠스는 편견과 배타 심리로 완고한 마음을 지닌 백인 배심원들 앞에서 말한다. 그 직전 그는 자신이

요즘 시대에 페미도 아니면 뭐해?

불러온 증인의 '진정성'이 타격을 입어 매우 불리해진 상태였다. 흑인 아버지가 순간적인 정신이상으로 살인을 저질렀다는 정신감정을 위해 출두한 의사가 예전에 강간죄로 복역한 일이 있다는 사실이 폭로된 것이다. 증인은 설명할 수 있다고 거듭 말했지만, 검사는 "예/아니오"로만 답하라고 다그치고, 결국 증인은 "예"라고 답한다. 이로써 브리갠스의 기획은 크게 차질을 빚는다.

변론을 시작하며 브리갠스는 배심원단에 사과한다. 자기도 의사가 전과가 있는 줄 몰랐노라고. 알고도 일부러 그랬겠느냐고. 그런데 그 의사는 유죄판결을 받았을 때 열아홉 살, 여자는 열일곱살이었으며, 둘은 사랑하는 사이였고 남자가 출소한 뒤 결혼하여 지금까지 잘 살고 있다고. 그렇다면 의사는 법은 어겼어도guilty 죄sin 는 없다고. 이 말은 배심원들을 흔들어놓는다. 보다 진정한 의미로 죄는 무엇이고 벌은 무엇일까.

이어서 그는 흑인 소녀가 당한 피해를 묘사한다. "자, 지금부터 눈을 감고 들어주십시오. 그리고 상상하십시오."

"한 소녀가 있었습니다. 그녀는 부모님의 심부름을 가는 길입니다. 날은 화창하고 꽃들이 즐겁게 반겨줍니다. 콧노래를 부르며 걷는 소녀의 앞을 커다랗고 힘쎈 남자 두 사람이 가로막습니다. 그들은 소녀를 강간하고 온몸을 부러뜨려 나무에 매답니다. 소녀를 표적삼아 맥주캔을 던집니다. 소녀가 죽은 듯이 늘어지자 그들은 나무에서 소녀를 풀어 다리 아래로 던집니다. 피에 젖고 정액과 오줌에 젖어 소녀는 버려집니다.”

눈을 감고 이 이야기를 듣던 몇몇 배심원들의 눈에서 눈물이 흐르고, 브리갠스는 잠시 숨을 고른 다음 말한다.

“자, 이제 그 소녀가 백인이라고 상상하십시오.”

배심원들은 눈을 번쩍 뜬다. 흑인에 대한 편견과 백인 우월주의로 가득 차 완고해진 사람들의 마음에 그 소녀가 백인이라고 상상하라는 브리갠스의 말이 엄청난 충격파를 일으킨 것이다. 아버지는, 살인에도 불구하고 무죄가 되었다. 배심원들이 같은 인간이자 부모로서 공감한 것이다.

독자 여러분이 배심원이었다면 어떻게 평결하겠는가. 이 이야기를 극심한 폭력에 시달리다 남편을 살해한 아내로 바꾼다면? 지금 이 순간 사방에서 터져 나오는 성폭력 고발의 목소리가 불편하거나 납득하기 어려운 분들을 향해 내가 하고 싶은 말은 이것이다. 타임투킬, 상상하십시오. 그들의 고통을. 그리고 눈뜨십시오. 내 안의 완고한 인간을 이제는 죽일 때입니다.

•

5부

사랑이 없으면 나는 아무것도 아닙니다

고민 있는 여러분
안녕해볼까요?

KBS 2TV 〈대국민 토크쇼 안녕하세요〉라는 프로그램을 즐겨 본다. 일종의 힐링프로그램이지만, 일상의 고민과 상식적인 공감이 녹아 있다. 세상은 넓고 사람은 참 제각각이라는 생각을 하게 한다. 그런 한편 무엇이 인간적이고 무엇이 자유이며 무엇이 해방인가라는 본격적 질문에 상식적인 해답을 주기도 한다. 고민의 내용 중 상당수는 사회화의 부족이라든가 상식의 결핍 같은 문제들이다.

하지만 자기중심적인 사람 때문에 괴롭힘당하는 사연들도 심심찮게 있다. 남편과 내가 제각각 열을 올리며 보는 사람의 유형은 좀 다른데, 남편은 "내 생각은 달라요"를 외치며 자신의 행동에 조금의 성찰도 없는 사람을 보면 화를 내고, 나는 "마음은 있는데 표현을 못 한다"라고 말하는 사람에게 좀더 화가 난다. "표현"이라는 말이 나의 직업의식을 건드리기 때문이다. 아시다시피 나는 시쓰는 사람이다.

프로그램은 매우 상투적 방식으로 짜여져 있다. 이야기가 진행되면서 고민의 내용이 점차 구체적으로 드러나고, 진행자와 패널들이 여러 방향에서 던지는 질문과 대답을 들으며 방청석과 시청자들은 답답해하고 분개하고 한숨 쉬며 '고민이다' 또는 '고민은 아니다'를 판단하고, 평가점수가 나온 다음 다수의 위력에 눌린 고민 대상자들이 반성하는 태도를 보인다.

이런 프로그램이 정치적으로 올바른지 어떤지에 대해서는 다투어볼 여지가 있다. 그럼에도 어떤 사람은 나와서 자신의 답답함을 호소하고 대중의 지지를 받을 수 있고 또 어떤 사람은 자신의 문제를 한번쯤 객관화할 기회를 얻는다는 점에서, 일종의 상담프로그램의 역할을 가볍게나마 하고 있다.

내가 주목한 것은 대체로 자기중심성이 강한 고민 대상자들의 태도다. 전체 방청객의 60~70%가 그 문제는 고민이라고 버튼을 누르면, 그들의 태도는 조금 변한다. 패턴이 있다. "저도 마음으로는 사랑하는데 제가 표현이 좀 서툽니다"라고, 고민 대상자는 먼저 방청석과 패널들을 향해 말한다. 고민을 보낸 의뢰인에게 먼저 "듣다보니 내가 잘못했다"라고 말하지 않는다. 카메라 앞에만 서면 대국민사과는 하면서 자신이 가해를 한 피해자에게는 사과를 하지 않는 유명인들과 똑같다.

사회자 이영자가 달구어진 쇠꼬챙이 같은 언어로 "딸"에게 "아내"에게 "아들"에게(드물지만 때론 "남편"에게도) "사랑해"라고 말하라고 종용을 하고, 그제서야 겨우 그 어려운 "사랑해"가 입 밖으로 나온다. 고민 의뢰인은 울음을 터뜨리고 반복되는 이 패턴을 보면서 나는 '표현'이란 무엇일까 하는 생각을 새삼 하게 된다.

대체로 "내가 표현력이 없어서"라고 말하는 사람들은 남자가 많은데, 이들은 실제로는 매우 표현을 잘 하고 살아온 것처럼 보일 때가 많기 때문이다. 강압의 표현, 폭력 가능성의 표현, 무시의 표현, 외면의 표현, 그밖에도 짧은 한마디의 100만 주먹 같은 위력의 표현, 겁주기 표현, 버럭 표현.

"사랑해"라는 말을 겨우 하는 이유는, 사랑한다는 말의 무게를 알기 때문이고, 그 말을 하기 위해서는 자신이 변화하고 무언가 행동해야 한다는 것을 알기 때문이지 표현력이 부족해서가 아니라고 나는 점점 더 생각하게 된다. 표현하기 싫은 거지 표현할 줄 모르는 게 아니라고, 표현하기 싫어서 표현할 마음의 준비, 표현할 연습을 안 했기 때문이라고.

〈대국민 토크쇼 안녕하세요〉에 출연을 하는 고민 대상자는 그래도 가능성이 있는 사람들이다. 진짜 가정폭력을 당하는 피해자가 이 프로그램에 나와 고민상담을 할 수는 없을 것이다. 정말로 일방적으로 자기만 아는 가해자가 그 프로그램에 고민 대상으로 출연하지도 않을 것이다. '출연하기로 한다'라는 일말의 노력이 소통의 숨구멍을 열어놓는다.

마지막으로, 객석에서 '고민이다' 버튼을 누르는 일종의 '재미장치'가 관심이 간다. 우리나라 사람들에겐 "길을 막고 물어봐라"가 일종의 심판이 되어온 민속적 역사가 있다. 따라서 객석의 심판은 상식의 버튼 역할을 한다. 하지만, 그 '고민이다' 버튼이 실제로는 진행자들의 질문과 어쩌면 생애 처음으로 속내를 터놓고 나눈 대화의 끝에 나올 수 있는 것임을 망각하면 안 된다. 여론이란 실제로는 단순히 쪽수로 결정되는 것이 아닌 공론의 결과라는 것을 보여주는 장치다. 일상에서 우리의 모든 문제가 이런 정도로만 평등하게 대화할 수 있다면 얼마나 좋을까. 평등대화법은 페미니즘의 중요한 실습장치이기도 한데.

나는 그런 섹스는 싫어. 이런 섹스를 원해

『여자들의 섹스북』이 주는 선물

고등학교 3학년 1학기 때다. 임신과 출산에 대해 배웠다. 본고사 시절이니 지금처럼 입시경쟁이 치열하지는 않았지만, 그래도 시험에 나오지 않을 것이 분명한 내용을 두세 달에 걸쳐 배우는 것이 흔한 일은 아니었다.(교과과정에는 있었다.) 하굣길 버스 안에서 다른 반 친구를 만나면 "너는 몇 개월이니? 낳을 때 되어가지?" 같은 대화를 다른 학교 학생들 들으라고 짓궂게 하고들 했다. 멀쩡한 여고생들이 버스 안에서 임신과 관련된 이야기를 하는 일은 거의 '외설스런' 일에 속했기에, 참기름 짜듯 재미가 났다. 섹스의 과정을 생략해버린 채 "뱃속에 아이가 들었어요"부터 배운 것임에도 흡사 이미 '알 것 다 안 것' 같은 착각이 있었던 거다. 여자에게 성은 곧 생식이라는 것을 알면 다 아는 셈이었다!

한채윤이 쓴 『여자들의 섹스북』은 내가 고교 때 배운

것과 딱 반대의 자리에서 여자의 몸을 이야기한다. 여자의 성을 이야기할 때 반드시 따라다니는 임신 이야기라든가 남성에 대한 이야기가 아예 없다. 본문 첫 문장은 이렇다. "우리가 가장 먼저 떨쳐버려야 할 고정관념은 생식기와 성기를 동일시하는 생각이다." 뒤통수를 맞은 기분이 들었다. 정말 그렇잖아. "생식기와 성기를 동일시하면 모든 성행위가 임신을 목적으로 하는 행위로만 좁"혀지고, "이런 관점은 섹스를 남성 중심적으로 만든다".

첫 페이지에 등장하는 이 이야기가 어찌 보면 모든 것이다. 성기는 성을 담당하는 기관, 생식기는 생식을 담당하는 기관이다. 지금까지 세상은 여성에게는 성기가 없는 것처럼, 또는 여성생식기가 그 두 기능을 다 담당하기 때문에 여성의 성은 억압받아야만 하는 것처럼 가르쳐왔다. 두 기관이 비슷한 위치에 있는 것일 뿐 서로 다른 기관이라는 것이 남성에게는 그토록 분명한데 여성에겐 왜 이리 생소할까.

생소한 것은 그것만이 아니다. 대학교 1학년 때인가, 같은 과 여학생들끼리 학교 앞 여관을 빌려 포르노영화를 본 일이 있다. 남성 성기를 제대로 본 것이 그때가 처음인 우리들은 처음엔 신기하고 부끄러웠으나 점점 기분이 잔뜩 나빠져서 다 보지 못하고 여관방을 나왔다. "포르노 보는 남자는 저질이야"라는 당시 우리의 말은, 성행위를 노골적으로 보여주는 영화를 본다는 뜻만은 아니었다. 과시되는 남성의 성기와 전시되는 여성의 성기라는 뚜렷한 대비를 경험이 없다고 몰라보지는 않는다. 폭력을 당한 기분이 들었다.

『여자들의 섹스북』은 여러 가지 의미에서 혁명적이다. 여자들의 성이 남성의 대상으로가 아니라 그 자체로 자유로워야 한다는 것을 말하고, 자유를 통해 즐거움을 누릴 수 있도록 그 즐거움을 누리는 각종 방법을 알려준다. 물론 그 책에서도 가장 큰 성적 쾌락은 성기의 마찰이 아니라 마음 맞는 상대와의 대화다. 말로 하고 몸으로 하는 대화. 남자들이 포르노를 통해 섹스 대신 폭력을 배우는 동안, 여자들은 아무것도 안 배웠다는 걸 새삼 깨닫게 해준다.

좀더 나이 어릴 때 이 책을 봐야 한다고 딸들에게 권하고 싶다. 여자를 제대로 사랑하고 싶은 남자에게도 적극 권하고 싶다. 페미니즘의 정치성 중에서도 가장 강력한 것이 바로 여성이 자신의 몸과 욕구를 이해하고 말하는 일임을 깨우쳐주는 책이다. "나는 그런 섹스는 싫어. 이런 섹스를 원해."

아주 특별한 약자 임산부, 배려석이 최선입니까?

인권의식이 답이다

"당신은 지하철이나 버스에서 임산부에게 자리를 양보할 생각입니까?"

이런 질문을 받으면, 거의 대부분의 사람들이 양보하겠다고 답할 것이다. 그런데 왜 지하철이나 버스에서의 임산부배려석을 둘러싼 갈등은 끊이질 않는 것일까? 서울시가 지하철에 임산부배려석을 설치한 것이 2013년부터라고 하니 벌써 6년이나 된 제도인데도 아직도 시끄럽다. 최근 페이스북을 중심으로 임산부배려석 비워두기 캠페인을 벌이는 분들이 늘어나는 추세인데, 그에 비례하여 논란도 오히려 커지고 있다. 이상한 일이 아닐 수 없다.

가볍게 말해도 들을 줄 아는 사람이 있는 한

얼마 전 서울의 지하철 4호선에서 있었던 이야기다.

꽃분홍색 임산부 '배려'석은 출입문 옆이라 바쁜 사람들이 선호한다. 타고 내리기 쉬우라고 지정한 자리이니 당연하다. 전동차에 올라타니 출퇴근 시간을 피해서인지 자리가 드문드문하다. 책가방을 멘 남자청소년 하나가 나를 따라 타더니 폰을 들여다보며 그 자리에 앉는다. 나는 그 줄의 비어 있는 좌석 중 하나에 가 앉으며 그를 불렀다. "학생, 이쪽으로 앉죠?"

그는 깜짝 놀라 좌석과 나를 보더니 "아!" 하는 짤막한 감탄사를 뱉으며 자리를 옆으로 옮긴다. 그 자리는 이미 다른 승객들이 비워두고 있던 자리여서, '비어 있음'이 제일 먼저 보였다. 한 번만 더 주의를 기울이면 선명한 분홍 표지도 보일 게다. 바로 그 한 번. 그 한 번의 주의환기를 위해 나는 아주 가볍게 그를 불렀고 그 역시 가볍게 자리를 옮겼다. 임산부배려석을 비워두는 일은 우리 사회가 맺어가고 있는 약속이므로, 약속에 참여하려는 선의가 있는 사람에겐 그 주의를 환기해주는 일이 불쾌하거나 복잡한 변명이 필요한 대단한 무엇이 아니기 때문이다.

그런데 이런 경우는 참으로 드물다. 임산부배려석을 둘러싼 갈등 가운데 상당 부분은 '배려석' 그 자체에 있는 경우가 많다. 어떤 이들은 그 자리가 임산부배려석임을 인지하지 못하는 데서 문제가 발생한다고 본다. 일리 있는 이야기다. '비워두기 캠페인'을 벌이는 사람들은 노약자석을 아예 비워두는 것처럼, 임산부배려석도 비워둘 수 있어야 한다고 주장한다.

한편 배려석은 어디까지나 '배려'석이므로, 임산부가 요청하면 비켜주겠다고 하는 주장도 있다. 지하철 좌석은 전형적으로 공급과 수요가 어긋나는 서비스이며, 비워두어도 임산부가 아닌 사람들이 앉는 경우가 대부분이므로 임산부를 식별할 수 있고 자리 양보를 요청할 수 있게끔 하는 시스템이 오히려 필요하다는 주장이다.

즉 임산부배려석을 인지하고 비워두느냐 임산부를 식별하고 좌석을 양보하느냐.

의문이 생긴다. 어느 쪽이든, 임산부는 마음 편하게 자리에 앉아서 갈 수 있을까? 임산부배려석이든 임산부 뱃지든, 심지어 부산-김해 경전철에서 시행한다는 핑크라이트—발신기를 지닌 임산부가 타면 배려석에 불이 들어오는 장치—든, 앉을 자리를 내어주는 일로 임산부에 대한 존중을 표현한다는 점에서는 다를 바 없다. 배려석을 비워두지 않겠다는 사람들도, 임산부 아닌 사람들이 그 자리를 차지하는 것이 문제라고 할 뿐. 그런데 실상은 어떨까?

임산부는 태아운반수단이 아니야

비록 일부이긴 하지만 갈등을 야기하는 사람들 중에는 '임신이 벼슬이냐'라느니, '맘충'이니 하는 말을 하는 사람들도 있는 것이 엄연한 현실이다. "너만 임신해봤냐?"라는 폭언을 퍼부은 중년여성도 있다. 임산부 뱃지를 단 여성에게 보이지도 않는 데 달고 있다고 면박을 주었다는 사례도 있다. 어쩌면 상당수의 사람들에게는 배려석이 아니라 임신한 여성 그 자체가 어떤 존재인가에 대한 인지가 없는 것은 아닐까? 배려석이 있으니 마지못해 비켜주기는 하겠지만, 임산부는 흡사 내 권리를 침해하는 불쾌한 존재라고 여기는 것은 아닐까?

임신을 하게 되면 몸과 마음에 큰 변화가 일어난다. 임신이 시작된 순간부터 여성은 구토와 어지럼증과 무력증과 소화불량과 심지어 우울증을 경험하기도 하고, 척추디스크에 걸리고 당뇨와 고혈압이 생기기도 한다. 겉모습의 변화보다 훨씬 심한 변화가 일어나는 것이다. 산모도 태아도 다 건강하다는 의사의 말은 알고 보면 이러한 신체의 고통이 당연하다는 말이 되는 셈이다.

그러나 막상 남편과 주변 사람들은 물론이고 임신한 당사자조차도 임신한 여성의 상태에 대해 아무것도 모르기 일쑤다. 무지하므로 임산부를 단지 그 뱃속의 아이 때문에 배려받아야 하는 사람이라고 여기게 되는 일까지 발생한다. "미래의 아이를 위해 비워두는 좌석"이라는 임산부배려석 캠페인이 그 무지를 적나라하게 보여준다. 사회가 보호해야 하는 사람이 임산부 자신이 아닌 뱃속의 아이라는 인식은 그 자체로 여성을 생산수단으로 보는 것임에도, 그 캠페인이 시작되기까지 캠페인 관련자들은 문제를 인식도 하지 못했다. 미래의 아이가 아니라 현재의 임산부를 바라보는 일이 결코 쉽지 않다는 뜻이다.

그렇다면 임신한 여성이 아주 특별한 약자라는 사실을 사람들이 인식하게 되면 임산부를 배려하는 모든 정책이 제대로 시행될까? 약자에 대한 우리 사회의 인식은, 약자란 공격하고 지배하고 무시해도 되는 자, 이른바 '을'로 바라보는 것에 가깝다. 더구나 임산부는 한시적인 상태이며 개인적으로 치러내는 약자 상태이기 때문에, 아직 임신 초기인 여성들은 사회에 대한 신뢰를 가지고 과감히 도움과 배려를 요청할 정도의 용기를 내기 어렵다.

때문에 나는 임산부배려석이 선의를 강요한다는 일부의 불평에도 불구하고, 그 자리를 비워두는 일의 불합리를 지적하는 목소리에도 불구하고, 비워두기 캠페인을 지지한다. 여성이 등장하는 모든 국면에서, 여성문제는 결국 인권문제가 되기에, 모든 계몽적인 문제제기를 지지할 수밖에 없다.

4호선 지하철의 청소년은 내 말을, 무시할 수도 있었고 화를 낼 수도 있었다. '아무 데나 앉을 수 있는 권리'를 고집할 수도 있었다. 임산부배려석 설치의 불합리함을 강변할 수도 있었다. 그러나 우리는 자리를 비워두는 선택을 했으며 말다툼을 하지도 않았다. 승객이 드문드문했으므로 누군가 그 자리에 이미 앉았어도 임산부는 다른 곳에 가서 얼마든지 앉을 수도 있다. 그러나 다른 모든 출입문 옆 자리가 꽉 차 있었지만 선명한 꽃분홍 자리 두 개만 비어 있는 풍경은 왠지 마음이 놓였다. 최대한 끝까지 저 자리를 비워두려는 노력이 일반적이 될 때, 임산부들도 자리를 양보해줄 것이라는 믿음을 지니고 배려석 앞으로 다가갈 수 있지 않을까?

　물론 지하철 당국은 배려석이 아니라 임산부임을 식별할 장치를 제공하는 것이 더 합리적임을 지적하지 않을 수 없다. 혹은 노약자석을 핑크로 칠하고 노약자 및 임산부지정좌석으로 두는 것이 어떨까? 임산부가 약자라는 사실로 되돌아가는 것이다.

IMF 사태는 여성청년에게 무엇을 남겼나

82년생 김지영과 88년생 양호랑

IMF 사태를 겪은 지도 벌써 20여 년이 지났다. IMF관리체제는 비극적 시기였다. 해고·파산·노숙자·동반자살이란 말들이 일반화되었다. 중산층이 무너졌다. 약육강식, 승자독식의 정글이 다시 펼쳐졌다. 이런 상황은 여성에겐 여러 겹으로 재앙이다. 여성의 사회적 지위가 사회의 변동 상황과 언제나 관련된다는 사실은 이미 많이 알려져 있다.

그러나 막상 IMF관리체제라는 거대한 비극적 전환이 여성에겐 어떤 영향을 미쳤는가에 대한 보고가 별로 없다. 그런 중에서도, 지금 주로 30대에 해당하는, 당시 사춘기를 통과하던 여성들은 어땠을까. 이 세대 여성들을 향해 사회가 저출산의 책임을 묻고 있는 데 비하면 참 특이한 일이 아닐 수 없다.

이런 중에, 소설 한 편과 드라마 한 편이 눈에 띈다.

요즘 시대에 페미도 아니면 뭐해?

『82년생 김지영』과 〈이번 생은 처음이라〉에 등장하는 여성들이다. 김지영은 그야말로 'IMF 폭탄'을 맞은 중산층 청년이었고, 양호랑은 정확히 출신배경이 알려지진 않았지만 IMF관리체제를 졸업하고 양극화가 심화되던 시기에 다행히도(?) 무사히 성장한 청년이다. 이들의 삶을 정면으로 들여다보는 일이 이제야 시작되는 일이 고맙고 조급한 마음이다.

『82년생 김지영』은 이미 널리 알려진 소설이다. 빅데이터를 통해 추출한 김지영의 삶은 이 세대의 평균적 모습이라고 보아도 무방하다. tvN 월화드라마 〈이번 생은 처음이라〉에는 88년생 여성 앞에 놓인 고단한 현실을 로맨틱드라마답게, 그러나 또한 매우 현실적으로 돌파해가는 세 여성이 등장한다. 주거문제, 성폭력문제, 직장 내 성차별 문제, 결혼문제 등등. 이 세 여성은 6년 뒤 김지영의 나이가 되었을 때 김지영과 비슷한 삶을 살게 될까? 그중에서도 양호랑의 삶에 특별히 관심이 갔다. 그중 우리 사회에서 다수일 것으로 보이는 모델이기 때문이다.

양호랑은, 결혼이 꿈이다. 82년생 김지영이 어쩔 수 없이 전업맘이 된 것과 비교할 때, 양호랑의 꿈은 좀더 적극적이다. 김지영에게 가정은 천국이 아니었지만, 아직 미혼인 양호랑에겐 결혼이 종착점이다. 결혼하면 갑자기 분홍빛 소파가 놓인 거실이 생기고 결혼하면 직장을 그

만둘 수도 있다는 꿈은 몽상을 넘어 망상에 가깝지만, 양호랑들이 드라마 속 그녀 한 사람뿐이진 않을 것이다. 겪어보지 않은 삶을 장밋빛으로 상상하는 것이 젊음의 특권이라면 더욱 그렇다. 그런데 왜 결혼이 꿈일까? 이 지점에서 나는, 이 세대를 내가 몰라도 전혀 모른다는 사실을 깨달았다.

IMF 사태 이후 태어나거나 사회로 진출한 여성들의 삶은 그 이전 세대가 애써 닦아온 진보의 토대 위에서 시작하는 것이 아니다. 아니, 청년세대 전체가 그렇다. 사회의 주류를 이루는 유신세대가 88만원세대의 비참을 잉태했다면, 386세대는 이들 IMF세대에게 무엇을 물려주는 중일까. IMF는 단지 경제위기가 아니었다는 점을 자주 잊는다. 쉽게 입에 담는 신자유주의는 인간의 영혼을 파괴하지만, 그 주된 피해자는 기성세대가 아니란 점을 성찰해야 하겠다.

이들 세대가 보여주는 어떤 지체, 어떤 폭주 들에 대해 보다 진지하게 IMF와 결부시켜 보는일이 필요하다. 특히 여성청년들에게 세상이 왜 이토록 안전하지 못한지를, 왜 선배가 없어 보이는지를, 소설과 드라마를 보면서 고민하고 있다.

어린이책이 덜 팔린대요

인간이 노동력조차 못 될 때 저출산이 온다

2018년 서울국제도서전을 다녀오고 나서 1987년 생각을 자주 하게 됐다. "이 불황에도 계속 성장세를 유지하던 어린이책 시장이 작년부터 축소되고 있다 합니다." 지속되는 저출산의 여파일까?

대성황을 이룬 도서전에서 가장 눈에 띈 것은 젊은 여성 방문객이었다. 페미니즘의 약진을 보여주는 모습이라고 보아도 무방하리라. 어린이책의 퇴조와 페미니즘의 약진에 상관관계가 과연 있는지는 모르겠다. 다만 저출산의 이유가 성차별적 한국 사회에 여성들이 저항한 결과 결혼과 출산을 기피하기 때문이라는 진단이 많았다. 도서전에서 가장 인기 있는 책 중 한 권이었던 『82년생 김지영』이 그려 보이는 것처럼, 너무나 고단한 엄마로서의 삶을 이제 이미 알기 때문이라고.

1987년 6월이 다가올 때, 나는 임신중이었다. 다른 사람들처럼 나도, 점점 심해지는 임신중독과 싸우며 할 수 있는 일을 하고자 기를 썼다. 이유는 단 한 가지, 장차 태어날 아이의 미래가 군사독재 타도에 달려 있다고 생각했기 때문이다. 그때 내가 상상한 나라는 지금 언어로 말하면 모든 차별이 사라지고 모두가 평등하고 행복한 나라가 아니었을까. 기꺼이 아이를 낳아 기르는 모험을 해도 되는 그런 나라.

1987년과 지금의 현실을 비교해볼 때, 성별분업적 노동을 포함하여 과거와 같은 성차별이 유지될 수 있는 사회적 토대 자체가 붕괴되는 중이라는 점은 분명해졌다. 차별의 문화는 여전한데 차별의 토대가 되던 사회구조는 붕괴되는 중이라는 아이러니한 상황, 개인이 느끼는 행복도나 사회에 대한 신뢰는 거의 깨어지고 없다. 한 개인이 맞닥뜨리는 삶의 조건도 훨씬 가혹하다.

버거운 노동에 몸을 바쳐야만 지상의 방 한 칸은커녕 일용할 양식이 겨우 확보되는데, 미래의 아이를 위한 여유를 비축할 수 있는 여성이 있을까? 존중하고 배려하며 함께 공동체를 꾸려갈 믿을 수 있는 반려자도, 든든한 국가도 이해심 많은 사회도 없는데 홀로 아이를 낳을 여성은 얼마나 될까? 여성에게 요구되는 돌봄노동의 덕성은 면제되지 않는데 노동자로서의 새로운 의무는 다 해야 하는 것을 감수할 여성은 또 얼마나 될까? 무엇보다, 점점 더 인간의 노동은 기계의 노동으로 대체되고 더 값싼 노동이 되어가는 현실 그 자체가 페미니즘의 적이다. 어떤 엄마가 그런 세상에 아이를 낳아 길러내고 싶겠는가.

저출산을 소비자가 노동력이 조세부담자가 주는 위험으로 인식하는 언론의 기조가, 정책의 언어가 페미니즘의 적이다. 이 사회의 근본 가치관이 변화하지 않는 한, 노동력에 불과하고 심지어 노동력도 못 되는 여성들이 엄마가 되고자 하는 일생일대의 모험을 기꺼이 하려 할까? 세계관과 가치관 자체를 다시 구성하는 노력 없이는 어떤 '양성평등' 정책도 헛되다. 인간에 대한 근본적 관점을 바꾸는 것이 더 중요한 해법이다.

아이를 낳는 일보다, 그 아이를 키워내는 일보다 더 강렬하게 인류의 미래에 희망을 표현하는 일은 없다. 세 살짜리 시리아 난민 소년 쿠르디의 시신이 지중해 바닷가에 밀려왔을 때 세계가 울었던 이유다. 그런 희망을 좋아서 포기하는 여성은 드물다.

1987년과 지금은 전혀 다른 세계다. 인간 자체가 점점 쓸모없어지고 있는데, 소비자가 늘어나야 한다는 생각만 잔뜩 있고 태어난 아이를 어떻게 양육할 것인가에 대한 생각은 도무지 없는 세상에서 인류의 희망을 포기하지 못하는 것이 페미니스트의 운명인가. 어린이책을 읽을 아이들이 줄어든다는 현실이 너무 슬퍼 생각해본다.

낙태죄 폐지를
둘러싼 투쟁을 복기하며

지난 몇십 년간 여성들은 헌법재판소를 상대로 낙태죄 위헌 판정을 받아내고자 노력해왔다. 그리고 헌재는 2019년 4월 11일 낙태죄 조항에 대해 헌법불합치 판정을 내렸다. 2020년 12월 31일까지 관련 법조항을 개정하라는 것이다. '위헌'과 '헌법불합치'에는 중요한 차이가 있다. '위헌'은 낙태죄로 처벌받은 지난 모든 사람들이 재심을 청구할 수 있으나 '헌법불합치'는 그럴 수 없다. 2020년 말까지 국회에서 관련 법조항을 개정하지 않으면 낙태죄는 자동폐기되지만, 만일 법 개정으로 또 다른 독소조항이 생겨난다면 여성들은 또다시 길고 지루한 싸움을 하게 될 수밖에 없다.

왜 이런 답답한 일이 발생하는 걸까. 나는 낙태와 관련된 잘못된 생각을 국가와 남성들과 무엇보다 교회가 하고 있기 때문이라고 생각한다. 이와 관련하여 썼던 글들을 하나로 합쳐본다.

요셉은 그렇게 아버지가 되었다

낙태가 죄가 되느냐 하는 문제는 정부의 인구정책과 종교계의 교리가 맞물려 다분히 위선적이고 솔직하지 못한 채로 오랫동안 이어져 왔다. 가장 강경한 반대세력으로 나선 기독교계, 특히 가톨릭의 입장을 살펴보다가 문득 성서 최초의 낙태미수 사건에 마음이 가서 머문다. 처녀가 잉태하여 아이를 낳으리니 그 이름을 예수라 하리라, 하는 이 사건. 기독교의 출발점이다.

이 사건에서 전통적인 해석은 구세주의 탄생을 위해 마리아와 요셉이 하느님의 도구로 사용되었으니 기뻐하라는 것이다. 그러나 신앙적 요소를 빼고 읽어보자. 요셉은 비록 다른 남자의 아이를 가졌다고 의심되는 상황임에도 사랑하는 여자가 모욕이나 불이익을 당하기를 원하지 않는다. 혹은 원치 않는 아이가 생긴 상황일 수도 있다.

요셉은 비밀리에, 즉 자신이 생각할 때 마리아에게 이로운 방향으로 사태를 해결하고자 한다. 현대의 조건에서는 어쩌면 그것은 이별이 아니라 낙태일 수도 있다. 그러나 결국 요셉은 '마리아가 원하는 방향으로' 이 일을 받아들여 아버지가 된다. 요셉을 인류 최초의 남성 페미니스타라 불러도 될 것 같다.

요셉처럼 나도 마리아의 안위가 그 무엇보다 우선이라고 생각한다. 그러므로 낙태죄 폐지에 반대하는 교회의 처신에 할 말이 많다.

교회는 하느님이 마리아의 잉태사건을 어찌 다루는지를 들여다보아야 한다.

전지전능한 하느님도 마리아에게 아이를 낳으라고 명령하지 않는다. 수태고지라고 이름 붙여졌지만, 실제로는 엄마가 되라는 요청 아니겠는가. 하느님은 가브리엘 대천사를 보내 그 아이가 장차 구세주가 될 것이라고 설득을 한다. 아이를 낳는 것이 좋겠다라고.

하지만 이 탄생은 요셉의 협조 없이는 불가능하다. 요셉이 마리아를 내친다면 아마도 마리아는 아이를 뱃속에 넣은 채로 돌에 맞아 죽게 될 것이다. 2019년 대한민국에서 미혼모의 처지는 돌에 맞아 죽는 것보다는 낫겠지만, 어떻든 고통스러운 처지가 될 것이고.

그것을 하느님이 내버려둘 수는 없다. 요셉이 책임을 회피한다면, 아기는 낙태된다. 천사는 다시 요셉을 설득한다. 받아들이라고. 그리하여 성聖가정을 이루라고. 요셉이 결단을 내렸을 때 이 서사는 완성된다.

낙태의 문제는, 임신할 수 있는 여성뿐 아니라 수태시킬 수 있는 남성의 문제이고 책임임을 교회는 사회를 향해 적극적으로 이야기해야 한다. 이것이 수태고지 사건의 현대적 의미다.

교회는 낙태가 아니라 수태고지의 시점에서 생명의 잉태를 생각할 정도는 되어야 교회다. 다시 말해, 잉태된 생명을 바라보는 마리아와 요셉의 마음을 그 임신에 관여한 두 사람이 제대로 알도록, 즉 낙태를 단순히 태아의 생명의 층위에서가 아니라 수태고지의 시점에서 바라다보도록 가르쳐야 하는 것이 교회의 의무다. 교회 밖의 사람들 일은 카이사르에게 맡겨두고, 교회 안의 사람들에게만이라도 제대로 가르치는 것이 교회의 의무다.

나아가, '원치 않는 임신'을 야기하는 모든 문제에 바로 그 '원치 않음'의 목록을 만들어내는 사회가 어떻게 개입해야 하는가를 고민하는 일, 이 또한 교회와 사회의 의무라는 것을 요셉의 처신이 말해준다고 하면 좀 과장일까.

"낳으실 거예요?"

마니피캇. 아비 없는 아이를 잉태한 마리아가 사촌 엘리사벳을 만나 불렀던 노래다. 마리아는 비록 혼인을 약속한 몸으로 남편 될 이의 아이가 아닌 아기를 가졌지만, 무한한 기쁨으로 그 사실을 찬미한다. 내 등단시는 이 사연을 소재로 하고 있다. 시 속에서 주인공인 나는 가난한 신부다. 아이를 가지고 싶지만 경제적으로 뒷받침이 될지를 근심하면서 산부인과 여의사가 알려주는 임신사실을(수태고지를) 멍하니 듣는다. 그때 이 여의사가 하는 말에 정신이 확 돌아온다. "낳으실 거예요?"

이 장면은 반쯤 실화다. 1986년 가을, 임신을 고대하던 나는 어느 날 귀갓길에 버스정류소의 산부인과를 보고 무작정 내려서 검사를 했다. 임신 사실에 내가 기뻐하자 의사가 나보다 더 기뻐한다. 심지어 고맙다고까지 한다. 임신이 축복이 되는 산모를 얼마나 오랜만에 만난 것인지 모른단다.

그 가난한 동네의 산부인과 대기실은 어린 아이를 여럿 데리고 중절수술을 기다리는 산모로 가득했다. 벌써 다섯번째 중절이라는 산모도 있었다. "안 아픈 데가 없어요. 그놈의 개새끼는 수술하고 간 밤에도 달려들어요." 잊히지도 않는다. 피임의 방법으로 '낙태'가 행해지던 '미개'한 시절. 30년 전.

그런데 그 이후로 세상은 얼마나 달라졌을까. 기혼 비혼을 막론하고 원치 않는 임신을 하게 되는 여성은 여전히 있는데, 그 임신을 둘러싼 아픈 이야기들은 별로 달라진 것이 없다.

조국 민정수석이 청와대에 올라온 "낙태죄 폐지와 자연유산 유도약(미프진) 합법화 청원"에 답했던 일을 기억한다. 낙태란 말 대신 임신중절이란 말을 사용하고, "모

요즘 시대에 페미도 아니면 뭐해?

든 법적 책임을 여성에게만 묻고 국가와 남성의 책임은 완전히 빠져 있"는 현실을 비판하며 "중단된 임신중절 실태조사부터 우선 실시하고, 낙태죄 폐지 여부는 위헌 심판 공론화와 사회적 법적 논의 거쳐 결정"하겠다는 요지의 답변이다.

반은 고무적이고 반은 한숨 나오는 답변이다. 국가와 남성의 책임이라는 발언은 진일보임에 틀림없지만, 실태조사를 안 하면 모르나. 무서운 속도로 줄어드는 출산율이 철벽같은 피임능력 신장의 결과이기만 할까. 이 와중에 천주교회는 낙태죄 폐지 반대 목소리를 새삼스레 내고.

원치 않는 임신을 하는 순간 여성의 삶은 곧바로 지옥으로 떨어진다. 특히 비혼일 때 그 절망감은 이루 말할 수가 없다. 건강에 치명적인 상해를 입을 것을 각오하고 불법 유산을 하든가 불안에 떨며 아이를 낳아 도저히 홀로 키울 수 없는 현재의 제도로 말미암아 눈물의 입양을 하게 되던가. 준비 안 된 결혼을 하고 준비 안 된 부모가 되는 경우는 그래도 운이 좋은 케이스다. 그렇게 태어난 아이가 행복할지는 차치하고라도 말이다.

원치 않는 임신은 결코 '더럽고 문란한 섹스'의 결과가 아니다. 반드시 강간이나 준강간의 결과만도 아니다. 피임의 의무를 회피하는 남성들, 임신이라는 결과를 책임지지 않으려는 남성들과, 임신과 출산에 따른 제도적 뒷받침에 오불관언인 국가와, 낳으라고만 하지 그 이상의 사회적 지원에는 둔감한 교회 같은 사회제도들의 낡은 사고에도 책임이 있다. 국가는 결국 여성의 몸을 출산도구 이상으로는 생각하지 않는 것이고 남성은 결국 여성의 몸을 자기 쾌락을 위한 도구로만 취급한 것이 아닌가.

여성단체가 낙태죄를 폐지하라고 요구한 것은, 최소한의 안전장치에 대한 요구에 불과하다. 자연유산 유도약(미프진) 합법화는 지금 당장이라도 국가가 마음만 먹으면 할 수 있는 일이다.

세상에서 가장 슬픈 자기결정권

"낙태죄를 폐지하라"라는 구호를 생각해본다. 나의 자기결정권을, 낙태할 나의 권리를 보장하라. 참 슬픈 구호다. 이 구호는 이제 역사 속으로 사라져 가겠지만, 이 구호를 낳은 우리 사회의 폭력적 사고방식은 두고두고 곱씹을 주제다.

1980년대 초반 천주교 부산교구의 교구공의회에서 일한 적이 있다. 제2차 바티칸공의회의 권고에 따라, 전세계 가톨릭교회가 지역공동체의 문화적 특성에 맞춰 전례를 토착화하고 변화하는 시대에 따른 교회와 신앙의 쇄신을 추구한 작업이 교구공의회다. 성직자와 수도자를 포함한 신도 대표 150여 명이 무려 5년에 걸쳐 교회의 시대적 소명, 사회의 관계, 신도들의 삶에 관여하는 교회의 역할 등을 놓고 토론하고 숙의했다. 당시 가장 논쟁적이고 찬반이 갈렸던 주제가 바로 '낙태' 문제였다.

1980년대 초반은 박정희 시대의 강력한 산아제한 정책으로 말미암아, 임신중절이 신자들 사이에서도 많이 이루어지고 있었다. 비공식 집계에 따르면 신자 가정에서도 낙태를 경험한 비율이 60%가 넘었다고 한다. 태어나는 아기보다 낙태로 인해 사라지는 아기 수가 더 많을 것이라는 다소 끔찍한 이야기도 있던 시절이었다. 교회가 신자 가정을 상대로 생명의 소중함과 자연피임법을 통한, 달리 말하면 금욕적 방법을 통한 산아조절을 이야기하는 것이 중요한 신앙문제라고 생각할 수도 있었다.

그러나 당시 이십대 중반 여성이던 나는, "인간 생명의 존엄성과 행복한 가정/산아조절"이라는 제목의 의안을 쓰면서 혼란에 빠졌다. 나는 대학시절 여러 친구의 임신 중절 수술을 도운 경험도 있고, 생활비를 아끼고자 동거를 선택했던 어린 여성노동자들이 중절 시기를 놓쳐 미혼모가 되고 아기를 입양 보내고 하는 일들도 많이 보았다. 교회가 이야기하는 행복한 가정과 산아조절이라는 주제가 얼마나 비현실적인가를 깊이 고민하지 않을 수 없었다. 교회가 돌보아야 하는 영혼은 오히려 원치 않는 임신으로 나락에 떨어질 위험에 처한 그 여성들일 텐데, "낙태는 죄다"라며 선언해 죄인으로 만드는 게 과연 구원의 교회다운가.

낙태죄 폐지에 가장 강경한 반대의 목소리를 내고 있는 가톨릭교회의 입장은 그때나 지금이나 마찬가지다. 그러나 세상은 가정 중심에서 개인 중심으로 옮아가고 있지 않은가. 나의 모태신앙 가톨릭교회가 태아의 생명 못지않게 여성의 존엄과 생명도 중시해주면 좋겠다.

교회가 가르쳐야 하는 것은 "낙태는 죄다"에 앞서 "수태는 책임이다"가 먼저 아닐까? 낙태가 죄인 세상에서도 낙태를 가장 손쉬운 피임법으로 생각하는 남성들에게 먼저 말해야 하는 것 아닐까? 생각난 김에, 낙태는 죄라고 가르치는 가톨릭이 국교인 필리핀에는 무려 3만 명의 코피노가 있다. 이 아이들의 애비들을 찾아내어 부양의무를 지우는 운동부터 교회가 해주면 좋겠다.

국가는 종교와 다르다. 헌법재판소가 비로소 세상에서 가장 슬픈 이 자기결정권을 존중했다는 것이 뒤늦은 진일보가 되기 위해서, 사회가 낙태죄와 관련된 억압적 담론들을 반성하기를 바란다. 임신·출산·양육의 책임을 여성에게만 묻는, 심지어 도덕적 질타까지도 해대는 세상에서, 낙태죄 폐지 요구는 자신의 정신적 타격과 육체적 건강을 대가로 사회적 생존의 최저선을 보장받으려는 거의 마지노선의 저항에 가까웠다는 사실은 지금도 변함이 없다.

이건 일종의 허무개그지만, 콘돔 없는 섹스로 임신이 되면 성폭행으로 간주하는 법을 만들면 어떨까?

딸이 독립했다

여성이 혼자 산다는 것

딸이 '독립'을 했다. 성년에 이른 자녀가 부모집을 떠나 혼자 살기를 선택하는 일에 독립이라는 말을 붙이는 것이 조금 어색하기는 하지만, 결혼이나 전근 또는 유학 같은 외적 이유가 아니라 순전히 부모와 함께 살지 않는 일을 선택하는 것이니, 달리 부를 말도 마땅치는 않다. 이로써 우리 가족도 이른바 '정상가족(부부와 자녀로 이루어진 가족을 일컫던 말)'이 아닌 뭐라 불러야 할지 마땅찮은 분산가족이 되었다.

주변을 둘러보면, 딸들은 어느 정도 경제적 자립을 할 수 있고 어느 나이가 되면 부모를 떠나고, 아들들은 결혼할 때까진 부모 품에 사는 것을 보는 일이 드물지 않아졌다. 내가 젊었을 때는 그 반대가 일반적이었던 듯하니, 풍속이 많이 바뀌었다. 이미 여성이 혼자 사는 일이 어색하지 않은 세상이다.

요즘 시대에 페미도 아니면 뭐해?

여러 가지 질문이 생겨난다. 왜 딸들은 독립을 할까. 결혼제도 밖에서 혼자 사는 일에 우리 사회는 어떤 지원을 하고 있을까. 헤어져 따로 살게 된 부모와 자식은 서로에게 어떤 권리와 의무를 지닐 수 있을까. 변화하고 있는 풍속과 잘 변하지 않는 통념 사이에서 다양한 갈등과 고통이 발생한다. 홀로 사는 여성이 맞닥뜨리는 세상은 반드시 둘러엎어야 할 거리가 많아도 너무 많지 않겠나.

나는 페미니스트니까, 이런 일을 탐구하여 좀더 사랑 넘치게 살아갈 수 있는 인식과 태도와 정책들을 찾아내는 일을 하고자 노력하는 중이다. 바꾸어 말하면, 낯설고 간단치 않은 사람살이의 틈새에서 길을 찾기 위해 애쓰는 일을 내가 페미니스트의 일이라 부른다는 말이기도 하다.

그런데 막상, 이삿짐을 따라 서너 평 남짓한 딸의 방에 짐을 풀면서 끊임없이 잔소리를 하고 있다. 굶고 살 것도 별로 걱정 안 되고 외로울 것도 걱정이 안 되는데, 방문 잠금장치 확인했냐? 더 달아도 되냐? 혼자 있을 땐 문 꼭 닫아라 등등, 보안에 대한 염려를 몇 번씩 되풀이하고 있다. 무의식 깊숙이 들어앉아 잘 사라지지 않는 성폭력사회에의 공포다.

이런 공포를 남성들은 잘 이해하지 못할 것 같다. 나이 들어가면서 나 자신에 대해선 공포가 줄어든다는 사실을 어느 날 깨달았을 때 정말 생경했던 기억이 다시 떠오른다. 이는 젊은 사람들이 착각하듯 나이든 여성은 성적 대상화로부터 벗어나기 때문이 아니라 내가 나이가 벼슬인 사회에 살기 때문이다. 성적 폭력이 충족시켜주는 것이 '수컷됨'이 아니라 '권력 지님'이라는 것의 반증 아니겠는가. 권력을 어떤 식으로든 부림질을 해야 한다는 강박에 사로잡힌 남성들로 가득 찬 이 사회에서는 혼자 사는 젊은 여성이라는 존재는 얼마나 취약한가를 너무 알다보니 나도 모르게 거듭, 문 잘 잠그고…

딸은 태권도 유단자고 복싱을 오래 해서 도장에서는 스파링 상대를 하려는 남자가 없을 정도로 주먹이 세다. 그러니 내 두려움은 실제로 물리적 폭력에 취약할 것 같아서만은 아니다. 오랫동안 쌓여온 이런 두려움 또한 마음을 부패하게 하는 적폐다. 이따위 두려움이 아니라, 이 '독립' 덕분에 명실상부하게 수많은 독거인간들의 권익을 증진하는 방향으로 우리 가족의 생각이 발전하기를 기대하며 이사를 돕고, 딸을 혼자 방에 남겨두고 돌아오는 길 육교에 매달린 서울시장 후보의 현수막 글귀가 유난히 가슴에 와닿아 오래 남았다. "서울부터 성폭력 성차별 OUT."

요즘 시대에 페미도 아니면 뭐해?

페미니스트도
부동산 투기를 할까

부동산은 한국 사회에서 민감한 문제다. 현 정부에서도 부동산 문제로 인해 여러 고위직 후보자가 낙마하는 일이 있었다. 대표적으로 김의겸 청와대 대변인과 조동호 과기부장관 후보자를 들 수 있다. 특히 조동호 후보자의 경우 최초로 지명철회를 당했다. 가짜 학회에 참석한 것 때문이라는 청와대 발표에 과학계가 크게 동의한 것과 달리 일반 시민들의 조동호 배척사유는 오히려 "전세금 올려 아들 포르셰를 사주었다"라는 문장에 더 기울었던 듯싶다.

마찬가지로 김의겸 대변인도, 법적으로는 문제될 것 없어 보이는 부동산 취득이지만 문제는 법이 아니었다. 《프레시안》 성현석 기자의 뼈아픈 지적처럼, '포용적 복지국가'의 대변인조차 '각자도생'을 택했다는 사실이다. 이 두 사건은 건물주와 세입자의 대립이 정치적 균열을 만들어내고 있다는 사실 말고도, 숨어 있는 걱정거리 하나를 내 눈앞에 드러냈다.

선풍적인 인기를 모았던 드라마 〈SKY캐슬〉은 우리 사회의 비뚤어진 교육열풍 이면에 계급계층을 유지하기 위한 중상위 계층의 안간힘이 있었다는 씁쓸한 각성을 하게 해주었다.

〈SKY캐슬〉은 진실의 절반만을 보여준 드라마다. 이 드라마에서 시청자의 눈을 사로잡은, 그래서 거의 재벌 가문 이야기라는 착시를 불러일으키는 호화로운 '캐슬'은 실제로는 사택이다. 다시 말해 이 드라마는 1% 계층의 이야기가 아니라 20%의 이야기다. 드라마에서 이미 부동산을 확보한 상태인 엄마들은 자녀교육이라는 임무에 좀더 몰입할 수 있었다. 그러나 현실은, 자녀교육을 위해 부동산을 활용하거나. 노후대책을 위해 부동산을 확보하는 일이 먼저다. 그 일은 누가 담당하나. 아내고 엄마다. 그 대부분의 방법이 과거에는 '투기적 복부인'이었고 지금은 남보다 빠른 정보와 '투자'라는 이름의 자금회전력이다.

일자리와 안전한 방 한 칸이 문제가 되는 청년층과 달리, 우리 사회의 중허리를 차지하는 50대와 60대의 최대 현안은 아마도 교육과 노후대책일 것이다. 그것을 해결하기 위한 방법으로 민주정부들은 복지를 제안했지만,

대다수 사회지도층들은 복지보다는 각자도생, 그것도 집 값과 임대료를 겁나게 올려서 해결하려는 방법을 썼다. 그리고 그 중심에, 엄마들이 있다.

사회에서의 성별분업화, 가정 내에서의 업무분업화, 아버지와 자녀를 위해 각종 더러움을 잘 타는 소위 '세속'을 담당해야 하는 엄마라는 존재. 한국 사회에서 '여성의 신비'는 도대체 어디까지 걸쳐 있는 걸까?

페미니즘에 눈뜬 젊은 세대와 달리, 나와 같은 중년 이상의 여성들에겐 여전히 가부장제의 자장이 강고한 힘을 발휘한다. 안타깝게도 베티 프리단적 의미의 '여성의 신비'와는 또 다른 방식의 신화가 우리 사회에 퍼져 있다.

대체로 중산층 주부들에게 들씌워진 채 다양한 사회문제를 야기하는 그 신화는 바로 '능력 있는 아내'라는 신화다. 재개발지역에 건물 사는 것이 문제라고 말은 하면서도 아내가 '남편 몰래' 바로 그 '투자'를 하는 것은 당연하다 여기는 남편들이 너무 많은 데 놀랐다. 오히려 그런 아내를 '능력 있는 아내'라고 부르며 부러워하는 분위기 속에서 이 신화는 태어나고 자랐다.

부동산 불리기에 성공하는 '능력 있는 아내'를 향한 열망에는 반드시 짚어야 할 비극적 지점이 최소 세 군데나 있다.

하나는 자녀를 교육하고 노후를 대비하는 데 사회안전

망 아닌 개인적 차원의 부동산이라는 불로소득이 반드시 필요하다는 생각, 다른 하나는 집을 먹고 자고 웃고 우는 생활의 터전이 아니라 사고팔며 값이 오르고 이사를 다니며 액수를 불려나가는 재물로 바꿔버린 일. 마지막으로 '집'이 부동산(재물)으로 변함에 따라 실제의 집 대신 엄마라는 가상의 집에 대한 이데올로기가 더 강고해지는 역설.

이상 교육열의 중심에도 엄마, 부동산 투기의 중심에도 엄마. 심지어 이 엄마에게 능력을 발휘할 여유를 제공하기 위해서 가사노동을 대신해줄 '다른 엄마'가 필요하다. 이 '다른 엄마'들은 터무니없이 낮게 책정된 가사노동 비용을 벌어들이며 '무능력한 아내'로 가족의 생계를 부양할 때가 많다.

중산층 아내/엄마가 내 부동산 불리기에 뛰어드는 일은 '내 집 마련'을 위해 허리띠를 졸라매는 다른 아내/엄마로부터 집을 더 멀리 밀어내고 생존의 위기 앞에 서게 한다. 이중의 억압이고 착취다. 남편의 지위와 권력이 곧바로 아내의 '남편 몰래 뭐든 할 수 있는' 기반이 되고, 그 기반을 잘 이용하여 오로지 내 가족의 안녕을 위해 온갖 탈법 편법을 불사하는 것이 아내이자 엄마의 능력이 된다는 것은 참혹한 일이 아닌가.

지인 한 분은 이러한 한국 사회를 가리켜 "가족 이데올로기가 더러운 방향으로 진화했다"고 말한다. 가부장제 아래서 '능력 있는 아내'라는 말은 결국 가족이기주의의 화신이 된다는 말일 공산이 크다. 자본주의가 점점 잔인해지는 세상에서 '능력 있는 아내'라는 말은 남편을 대신해서(모르게!) 손에 피 묻히는 아내라는 뜻으로 읽힌다.

그러나 이것은 그 아내들이 만든 신화가 아니다. 우리 세대의 여성들이 페미니스트가 될 수 있다면 세상이 엄청나게 달라질 수 있다고 나는 생각한다. 그러기 위해서는 남들 다 하는 방식대로 자녀와 남편을 사랑하는 일로부터 좀 물러설 필요가 있다.

사회의 불평등을 심화시키고 지속적으로 차별을 만들어내는 각자도생의 재테크에 골몰하는 대신, 여성 노동에 지불되는 임금을 높이고 가사노동의 가격을 그 가치에 걸맞게 책정하는 데 힘을 보태고 사회안전망을 구축하고 가족이데올로기를 해체하여 다양한 가족을 구성하는 일을 하는 것이 나와 내 자녀들에게 훨씬 유익하다는 것을 '행복'의 이름으로 말하고 싶다.

엄마아빠 페미니스트가 됩시다

"내 아이들의 더 나은 미래를 위해"

민주주의를 확장시키고자 열심히 뛰던 시절이 있었다. 노사모 이야기다. 그때 노사모 사람들이 많이 했던 말이 "내 아이들의 더 나은 미래를 위해"라는 말이었다. 노무현이 대통령이 되는 게 더 나은 미래라는 말이 아니었다. 우리가 꿈꾸던 미래를 잘 알아듣고 실천해줄 정치인이 노무현이라는 말이었다. 특정 사람이 아니라 모두를 위한 이념이, 특권이나 관습이 아니라 인식의 방법과 태도가 중요하다는 말이었다. 그 모든 꿈을 생각으로만, 말로만 하고 사람이 몸으로 실천하지 않으면 헛되다는 것이었다. 그러니 우리 자신이 제대로 민주주의자가 되자!

이런 고민을 하던 시절은 지금으로부터 거의 20년 전이다. 87년체제가 한참 무르익으면서 동시에 망조가 들 무렵, IMF관리체제를 겪으면서 급격히 금융자본주의가 지배하게 되고, 임금양극화와 자산양극화가 극심해지고,

힘에 부친 사람들이 가부장의 의무를 벗어나고자 노숙자가 되고…. 바로 그런 시절에 정치를 지키고 바꾸는 것, 민주주의를 발전시키는 것이 문제의 해법이라 믿었다는 게 얼마나 대단한 일이었는지. 그것이 노사모뿐만 아니라 그 시절의 시대정신이었던 줄 이제는 안다.

노사모에는 민주란 자유뿐 아니라 평등과 함께 가고 평등은 박애가 있어야 실현된다는, 별로 거론되지 않았지만 중요하게 여겨진 생각도 있다. 노사모 사람들은 '아이디(닉네임) 평등주의'라는 것을 주장했는데, 그것은 게시판에서 글을 쓸 때 그 사람의 실제 지위나 연령이나 성별 등등을 전혀 묻지 않고 아이디로만 소통하자는 것이었다. 'OO아씨'가 알고 봤더니 70대 노인이라거나 '아기물고기'가 건장한 청년이라거나. 그밖에도 닉네임이 주는 이미지와는 전혀 상관없는 정체들이 즐비했다.

이 결과 다른 인터넷 커뮤니티들이 병을 앓다시피 한 사이버성폭력 사태가 극히—알려진 바로는 전혀—드물었다. 평등한 동료 시민으로 서로를 바라보는 일은 성폭력을 예방한다. 나중에 선거를 준비하기 위해 오프라인에서 만났을 때 남녀노소가 화합하며 큰 힘을 만들어낼 수 있었던 기반이 바로 평등에 대한 경험이었을 것이다. 박애는 뭐냐고? 정치적으로 말하면 복지국가론이겠지만, 내 아이의 미래는 다른 아이들에게 달렸다는 생각이 바로 박애다. 거기에 딸아들이 구별될 리가 없다. 모든 차별에 맞서는 일 또한 새로운 시대정신이었다.

다만 우리가 무의식적으로 알았던 것을 인식의 지평으로 끌어올리는 데까지 새로운 이름과 시간이 좀 필요했다. "내 아이들의 더 나은 미래를 위해" 그때까지 알려진 민주주의만으로는 2% 부족했던 그것이, 제대로 민주주의자가 되려면 페미니스트가 되어야 한다는 각성이었다.

참여정부가 내세운, 국민과 함께하는 민주주의/더불어 사는 균형발전 사회/평화와 번영의 동북아시대라는 3대 국정목표와, 원칙과 신뢰라는 큰 틀 아래 대화와 타협(정치분야)/투명과 공정(경제분야)/분권과 자율(정부와 사회)이라는 4대 국정원리는 지금 보아도 민주주의의 기본얼개가 아닐 수 없다.

여기에 하나만 보태면 된다. 국민, 즉 사람의 절반은 여성이라는 사실을 특별히 자각하는 것. 내 아이의 미래는 다른 아이들에게 달렸으며 그 다른 아이들을 아들과 딸로 차별할 수 없다는 각성이야말로 미래세대를 위해 부모가 할 수 있는 중요한 일이다.

　　　　　　요즘 시대에 페미도 아니면 뭐해?

엄마는 할매가 된다

그런데 엄마 아니라도 할매는 된다

최근 들어 '할매'들에 대한 관심이 높아지고 있다. 시를 짓는 할머니들을 담은 영화 〈칠곡 가시나들〉에 쏟아진 호응도 그렇고, 할머니들의 한글 학습을 소재로 한 MBC 예능프로그램 〈가시나들〉이 나왔고, 얼마 전에는 구술사가 최현숙이 『할매의 탄생』을 펴내기도 했다. 이 '할매'들에게는 몇 가지 특징이 있다. 자식들에게 헌신하는 삶을 졸업하고 비로소 내 삶에 대해 생각해보는 분들, 비교적 교육수준이 낮아 문맹인 경우가 많고, 사투리 보존자들이기도 하다. 그러나 일단 조명이 비춰지면 박막례 할머니처럼 일약 스타가 될 만한 잠재력을 지녔다. 끝이 좋으면 다 좋다는 사계의 속설이 있다시피, 인생말년에 말할 입을 얻은 이 할매들은 참 다행이다. 덕분에 사람들이 '우리집 할매'한테도 관심을 기울인다면 더 좋다.

그런데, 늘 이런 장면에서 뒤집어 생각하는 좋지 못한

버릇이 있는 나는 또 뒤집어본다. 우리 엄마 이야기다. 우리 엄마도 내년이면 90세가 되는 진짜 할매다. 그 엄마가 내 나이 때—실로 나도 할매 반열이긴 하지만—젊었던 나는 엄마를 어찌 생각했던가. 엄마는 내 친구들의 엄마와 달리 인텔리였고 3급 공무원으로 퇴직했다. 그런 엄마를 취재하면 어떤 이야기가 나올까. 시도를 많이 해보았지만 엄마는 말을 안 한다. 내 기억 속의 엄마는 권위의 화신이고, 나는 「엄마와의 전쟁」이란 시를 쓸 정도로 엄마와 싸웠다.

알고 보니 많은 딸들이 그랬단다. 우리 엄마와는 정반대 위치지만, 딸들과 엄마들의 싸움 한복판엔 가부장제라는 보이지 않는 감옥이 있다. 엄마가 가부장제의 전통을 고수하든 벗어나든, 그 엄마와 전쟁하는 딸들도 영향을 심하게 받는다. 나는 어릴 적 한때는 장래희망이 심지어 현모양처였다. 그 전쟁에 나의 우군이 우리 할매였다는 것이 무슨 뜻이겠는가.

내가 기억하는 우리 할매, 아버지의 엄마는 내 자식이라고 편드는 능력이 크지 않아 삼촌들을 섭섭하게 만들고 나이 들어서는 할아버지를 휘둘러 잡았다. 내 기억 속의 우리 할매는, "여자는 나이 들수록 진보적이 된다"라는 여성운동가 글로리아 스타이넘의 통찰에 꼭 들어맞는다. 그런데 우리 할매가 엄마에게는 그냥 시어머니였다.

요즘 시대에 페미도 아니면 뭐해?

엄마가 말을 안 해도 그 정도는 다 보였다.

또 뒤집어본다. 위안부 할머니들 이야기다. 우리가 위안부 피해자들에게 '할머니'란 호칭을 붙이지 않았다면 지금 그분들에 대한 우리 사회의 생각은 어떤 길로 달리고 있을까. 이분들이 처음 위안부 피해 사실을 말하기 시작했을 때 이미 이분들은 '할매'였지만, 사실은 소녀 때 처녀 때 사건들을 할매가 되어서야 말하기 시작한 거 아닌가.

왜 '꽃보다 할배'는 있는데 '꽃보다 할매'는 없는 걸까. 엄마는 성역할이고 할배는 나이 들어서도 남자인데 할매는 입술에 고운 루즈를 발라도 왜 "아이고 우리 할머니 고우시네 우쭈쭈"일까. 갑자기 가슴이 아프다. 할매가 되기 전에 우리 엄마가 예뻤다는 것을 나는 아는가.

이 다양한 '할매'들 중에 누구를 먼저 바라보아야 할까. 그런데 질문이 잘못되었다. 난생 처음 가본 유럽의 재래시장에서 꽃을 사고 채소를 사는 할머니들을 보았다. 낯설어서 더 절실하게 깨달은, '저것이 나의 미래다'. 엄마만 할매가 되는 게 아니라 나도, 지하철에서 욕을 먹는 뻔뻔한 아줌마도 좀더 지나면 할매가 된다. '할매'들은 호명하거나 발견할 대상이 아니라 나의 미래형식이라는 것을 먼저 생각해야겠다.

나 혼자 살아야 한다면?

이제는 새로운 가족 형태를 고민합시다

폴란드 바르샤바에 '공산주의 시대 삶 박물관'이라는 곳이 있다. 공공시설이 아니고 민간이 운영하는 곳인데, 초등학교 교실 세 개 정도 규모에 공산정부 시절의 생활을 엿볼 수 있는 각종 물품과 시설을 전시했다. 비누와 치약 같은 생필품, 가전제품, 옷가지, 자전거와 경차 같은 탈것들까지 일상을 이루는 많은 것들이 망라되어 있었다.

가장 흥미로웠던 전시물은 국가가 노동자에게 배정했던 숙소였다. 가족의 수에 따라 다른 크기의 아파트가 주어지는데, 내가 주목한 것은 기본이 되는 가구가 바로 1인이라는 사실이었다. 전시된 방도 1인용 아파트인데 침실·부엌·욕실·응접실 등 모든 요소가 $17{\sim}20\,m^2$ 정도 크기의 방 안에 다 들어 있었다. 국가가 한 명의 노동자에게 방 하나를 배정했다는 사실이 오래도록 기억에 남았다.

요즘 시대에 페미도 아니면 뭐해?

물론 당대의 생필품들 중엔 유아용 젖병과 젖꼭지라든가 아기 옷 같은 상품들이 중요하게 전시되고 있었고 5인 가족을 위한 아파트 도면도 있었으므로 1인이 가족의 기본단위였다고 단언할 수는 없다. 그것은 공부를 해봐야 아는 일이겠다. 다만 짐작할 수 있는 것은 국가가 주거를 의무적으로 제공할 때 그 최소 단위가 일가족이 아닌 한 사람이라는 사실이었다.

인기 있는 예능프로그램 〈나혼자 산다〉의 기안84는 그 프로그램에 출연한 모든 출연자 중 가장 '일반인'에 가까운 생활을 했었다. 반지하 원룸에서 고층아파트 투룸으로 이사를 했지만, 혼자 끓여 먹고 혼자 집을 가꾸고 혼자 집에서 노는 삶이었다. 그런데 독립적이고 안락해 보였다. 지상의 방 한 칸이 주어진다면 청년의 삶은 다 그럴 수 있다.

소득의 규모와 무관하게 국가가 모든 젊은이들에게 5평에서 7평의 주거공간을 준다면 그 삶은 어떻게 달라질까? 모든 스무 살에게 정부가 방 하나를 주고, 모든 동거생활자들에게 거실이 딸린 방 하나를 주고, 아이가 있는 동거생활자들에게 방 세 개 있는 집을 준다. 다른 말로 기본주거. 모든 청소년은 일단 '나 혼자 산다'를 찍으면서 사회에 등장하는 것이다. 그랬을 때 세상은 어떻게 달라질까.

모든 청년은 남녀불문하고 스무 살부터 혼자 사는 것이 일반화된다면, 아마 의무교육 교과과정에는 요리, 바느질, 그 밖의 생존에 필요한 가사노동이 들어가야 할 것이며, 정부의 각종 법규도 가족 단위가 아니라 1인 단위로 기준이 바뀔 것이다. 무엇보다 부동산에 대한 정부 정책과 국민의 인식도 달라지겠고. 부동산도 보유세가 아니라 사용료를 내게 되겠고. 이때 사용료는 방의 규모가 아니라 개인소득에 따른 차등이 있었으면 좋겠고. 상상이 나래를 편다. 고교평준화하듯이, 스무 살에 맞이하는 주거평준화. 생각해보면 그렇게 어려운 일은 아닐 듯하다. 기본소득에 대한 논의가 점차 본격화되는 요즘이다. 기본주거라는 생각을 왜 하면 안 될까.

사회주의 국가의 과거지사를 보고서 '거 좋구나'라고 생각했다 해서 이 생각이 사회주의적인 것은 아니다. 오히려 미래 세대에게 필요한 것이 무엇일까를 기성세대로서 고민하다가 폴란드에서 가능성 하나를 발견한 것에 가깝다. 농경사회적 대가족 제도에서 핵가족을 거쳐 가족해체의 시대가 눈앞에 보이지만, 그 변화가 일어난 기간은 길어야 50년이다. 애써 만든 근대적 제도들이 하루빨리 미래에 적용하도록 바뀌어야 하는 압력을 받고 있다.

가족이 아니라 개인이 사회의 기초라는 생각이 그 출

발이다. 저출산에 대한 국가적 염려도, 입시제도에 대한 전 사회적 관심도 가족중심 이데올로기를 토대로 삼은 근대국가의 낡은 상상력이 문제가 아닐까. 가족이 아니라 각자 혼자인 개인들이 이루는 새로운 공동체를 상상해야겠다.

#우리에겐_페미니스트_
선생님이_필요합니다

최근 우리 사회의 가장 뜨거운 논란 중 하나가 바로 동성애를 둘러싸고 각계각층에서 벌어지는 싸움이다. 한 페미니스트 선생님이 초등학생들에게 페미니즘을 가르쳤다는 이유로 공격을 받고 오랫동안 법정투쟁까지 벌여야 했던 일이 있다. 공격자들은 그 선생님이 아이들에게 페미니즘이 아니라 동성애를 가르치고 소위 '남혐'을 조장했다는 주장을 했다. 사실과 다른 왜곡된 공격이다. 특히 조선일보는 악의적 기사에 대해 정정보도를 하기도 했다. 하지만 나는 도발적 질문을 해보고 싶다.

첫째, 초등학생에게 동성애를 가르치면 안 되나? 이때 '동성애를 가르친다'는 말을, 설마 성행위를 가르친다는 말로 알아듣는 사람은 없을 것이라고 믿는다. 동성애를 가르친다는 것은 가장 단순화시켜서 말하면 이 세상에는 이성애자만 있는 것이 아님을 가르친다는 이야기다. 학교에서 당연히 가르쳐야 할 일이 아닌가?

또 하나 더 질문해보자. 동성애를 배우면 동성애자가 될 것이라고 주장하는 사람들이 있다. 그는 동성애에 대해 아마도 공포심을 느낄 만큼은 배워 알고 있을 것이다. 그러면 그는 동성애자가 되었나? 동성애든 이성애든, 성적 지향은 타고나는 것임이 최근 연구로 밝혀지고 있다. 배워서 익히는 것이 아니다. 동성애에 대한 지식을 가르치지 말라는 일부 학부모들의 요구는, 내 자식이 혹시라도 자기가 동성애자임을 알게 되는 것이 싫다는 뜻으로 이어질 수도 있다. 그런데 그런 뜻은 실제로는 자식이 보기에 부모가 자신의 정체성을 거부한다는 신호로 여겨질 수 있다. 부모로서 좋은 태도라 할 수 있을까.

아이들이기 때문에 동성애 같은 '나쁜' 것을 배우면 안 된다고 하는 사람들도 있다. 그런데 아이들이 즐기는 게임 캐릭터, 팬픽, 만화, 심지어 수많은 텔레비전 프로그램들 속에도 동성애 코드는 이미 차고 넘친다. 이른바 '브로맨스Bromance'는 결국 동성애 코드 아닌가? 방송국에서 하는 설정은 괜찮고 실존하는 동성애자들의 인권을 이야기하면 안 되는 일일까?

마지막 질문이다. 페미니스트 선생님을 왜 하필이면 동성애 교육으로 왜곡하여 공격하는가? 페미니즘은 근본적으로 평등사상이다. 성적 지향과 상관이 없다. 그 선생님이 퀴어축제에 다녀왔다고 해서 공격하지만, 퀴어축제는 허가받은 합법적 축제고 19금도 아니었다.

그런데 여기에 핵심이 있다. 페미니즘이 동성애를 바라보는 시각은, '동성애자는 소수자이며 따라서 동성애자에 가해지는 차별과 폭력에 함께 맞선다'가 기준이다. 차별에 능숙한 인간보다 차별에 분노하고 맞서는 인간이 되는 게 훨씬 낫지 않나? 차별, 그중에서도 동성애자 차별에 분노하는 아이들이라면, 그보다 덜한 많은 차별에도 자연히 분노할 것이다.

거꾸로, 페미니스트 선생님은 동성애를 부정해야 한다는 요구가 받아들여진다면? 그런 페미니즘은 페미니즘이 아니게 된다. 왜냐하면 페미니즘은 근본적으로 인권이기 때문이다. 선생님은 동성애를 가르친 것이 아니다. 인권을 가르친 것이다.

아이들은 무균지대에서 살지 않는다. 선생님이 동성애란 무엇인가에 대해 제대로 가르치는 것이 오히려, 세상에 넘쳐나는 사이비 동성애담론, 즉 동성애혐오담론들로부터 비동성애자들의 인격과 동성애자들의 인권을 지키는 방법이라고 나는 생각한다. 우리에게 더 많은 페미니스트 선생님이 필요한 이유다.

이 문제를 해결하는 정당한 방식은 이렇다. 교육청에서 본격적으로 모든 교사에게 페미니즘 교육을 실시하는 것이다. 그 교육을 토대로 모든 학생에게 페미니즘 교육을 오히려 전면적으로 실시하는 것이다. 이런 문제를 SNS상의 와글거림에 맡겨두는 비교육적인 상황이 빨리 종식되기를 바란다.

함께여서 강한 우리

나는 1958년생인데, 살면서 절대로 잊을 수 없는 날짜들이 자꾸 생겨난다. 내가 태어나고 얼마 뒤 일어났던 4·19. 그때 고등학교 교사였던 아버지는 학생들과 마주본 자세로 학교에서 몇 킬로나 떨어진 로터리까지 뒷걸음질로 걸었다고 했다. 서울 한복판에 있었던 학교였다면 아마도 등 뒤에 총 맞았을지도 모른다. '변방'의 우연이 준 안전이다.

이렇게 아버지를 잃지 않고 대학생이 된 나는 1980년 5월 18일에 부산에 있었기 때문에 곤봉에 머리가 깨지지도, 대검에 찔리지도, 끌려가 성폭행을 당하지도 않고 살아남았다. '멀리 있음'의 우연이 준 안전이다.

그리고 5년 전 어느날, 나는 단원고 교사도 제주도로 차를 가지고 이동해야 하는 사람도 아니었고 수학여행 가는 고2짜리 자녀가 있지도 않았기에, 그 지독한 슬픔의 복판이 아니라 언저리에 머물게 되었다. 이것이 무엇에 의지한 안전인지는 아직 모르겠다.

그 일들이 내 일이 아닐 수 있었던 것은 전적으로 우연이다. 그러나 그 일들이, 그 폭력이 발생한 것까지 우연이라 부를 수는 없다. 4·19도 5·18도 4·16도 다른 사건이다. IMF와 용산참사도 다른 사건이다. 그러나 그 모든 사건들의 공통점은, 하나의 국가를 이루고자 암묵적 합의를 했던 사람들 중에 누군가는 희생되고 누군가는 살아남았으며, 심지어 누군가는 이익을 보았다는 사실이다. 사건들은 우연히 발생했을 수도 있고 알고 보면 기획된 것일 수도 있다. 기획까지는 아니라도 어쩔 수 없는 것으로 미리 용인되었을 수도 있다.

도대체 우리가 사는 세상에 무슨 일이 일어났는지, 그 일들로 인해 우리는 왜 이렇게 불행하고 힘든지를 나는 늘 고민한다. 그 고민이 나의 몫이라고 생각한다. 그리고 페미니즘의 몫이라고 생각한다.

현상적인 문제를 넘어 내가 감히 말할 수 있는 진실은, 우리는 더 생각하고 더 현명해지고 더 서로를 사랑하고 더 평등해지지 않으면, 또 어디선가 배가 침몰하고 비행기가 떨어지고 건물이 무너지고 그 안에 사람들이 있게 된다는 사실이다. 엄청난 슬픔을 안고서도 서로의 손을 잡는 사람들이 존재한다. 나는 그것을 연대보다 강한 말인 결속이라 부르고 싶다. 어슬러 르귄이 『빼앗긴 자들』에서 말한 결속. 타인의 고통과 불행으로 이익을 얻는 사람들이 없어야 한다는 약속. 그 약속을 실천하고자 하는 노력을 나는 페미니즘이라고 불러왔다.

페미니즘이라는 것이 호소하고 절규하고 분노하는 것일 리는 없지만, 아픈 이야기들을 많이 할 수밖에 없다. 벌써 몇 년째, 사실은 거의 평생을 힘들고 아프고 화난다는 소리를 하고 산다. 세상 돌아가는 일에 아주 조금 책임감을 지니기라도 하면 여지없이 몰려오는 부조리와 불의의 기억이 괴롭다. 아픈 것은 페미니즘이라고 이름표를 붙인 주제들에 한정되지 않는다. 연말의 광장에는 '위험의 외주화'라는 이름 아래 죽은 청년과, 철거당한 삶을 따라 스스로 철거해버린 청년을 부르는 목소리가 메아리친다. 여기 문제적 상황이 있음을 죽음이 증언하는 것이다. 지상 75미터 고공에서 외치는 소리도 있다.

지금까지 보이지 않던 사람들이 보이기 시작할 때 가장 먼저 드러나는 것은 상처고 결핍이다. 목에 목줄이 죄어진 채 버려진 강아지가 눈에 들어오는 것은 고통에 못 이겨 길거리에서 비틀대며 발견되었을 때다. 가까스로 구조하여 그 목줄을 잘랐을 때 드러나는 곪고 썩은 상처는 차마 눈뜨고 보기 힘들다. 하지만 묶여 있을 때 보이지 않던 처참한 실체를 드러내어 바라보는 까닭은 당연히 살리기 위해서다. 보아버렸기 때문에 그 고통에 반응하지 않을 수 없고 치유의 손길을 내밀지 않을 수 없는 인지상정.

여성들이 이야기하는 고통도 이와 같이 너무 멀거나 너무 높거나 너무 깊은 곳에서 들려오는 게 아닐까 생각하게 된다. 그렇지만 여성들은 자신을 옥죄는 것이 무엇인지를 알고 있으며 말하고 있다. #미투에서 웹하드 카르텔에 이르기까지 유난히 많았던 성폭력 고발과, 성판매 여성들이 입을 열어 말하기 시작한 『나도 말할 수 있는 사람이다』 출간, 세상을 깜짝 놀라게 한 '불편한 용기' 주최 항의 집회 등은 임계점에 다다른 여성들의 말에 귀 기울여야 하는 이유를 알려준다.

'미투' '위드유'가 물 건너온 말이라면, '불편한 용기'는 우리말이다. 불편하게 할 용기이자 스스로 불편을 감내할 용기라는 이중의 방향을 지닌 이 용기라는 말은, 메갈리아 이후 여성들이 입 밖으로 끄집어낸 수많은 말들의 배후를 단적으로 보여준다. 이제는 드러내 말을 하고, 그 말을 통해 세상을 고쳐나가겠다는 용기. 여성들은 과거와 결별할 용기를 내었다는 그 용기.

우리나라 사람들은 최근 나이불문 젠더불문 이 새로운 언어들의 세례를 좋건 싫건 받았다. 말하기도 힘들고 듣기도 괴로운 언어이긴 하지만, 여성들은 남성이나 또는 사회에 하소연하려고 페미니즘을 이야기하는 것이 아니다. 인간으로 태어난 자기 자신의 존엄을 위해 말하는 것이고, 타인을 훼손하고도 그걸 모르는 사람들의 존엄을 회복시키기 위해 말하는 것이다. 공동체를 이루어 살아가는 사람들이 좀더 서로를 위하고 사랑할 수 있는 기반을 만들고자 사회와 시대의 곳곳에 파인 함정과 구덩이를 이야기하는 것이다. 변화하는 시대의 변화하고자 하는 외침이 소리 없이 강하다는 것을 이제 사람들은 조금씩 이해하고 있다.

살며 사랑하는 이야기가 페미니스트들의 주된 이야기 보따리가 될 수 있도록, 모든 고통에 귀를 기울이며 함께 살아가야겠다.

요즘 시대에 페미도 아니면 뭐해?